语言学
与英语翻译

沈继荣 著

清华大学出版社
北京

内 容 简 介

　　语言是文化的重要组成部分，又是文化的重要载体。本书注重理论探讨，用深入浅出的语言，对英语语言的特殊文化内涵进行了明确、清晰的表述，既有对语言与文化之间关系的宏观分析，又有从交际习惯等不同侧面对英语文化内涵的具体介绍，旨在帮助翻译从业者和英语学习者提高跨语言、跨文化交际能力，有效服务于翻译工作实践。

　　本书取材广泛，多为作者近十年来在英语教学过程中搜集、整理的资料，并参考、引述了众多专家、学者的研究成果，对高校英语专业学生、从事英语教学的教师、语言研究者、翻译工作者和外事工作者均有一定的参考价值。

本书封面贴有清华大学出版社防伪标签，无标签者不得销售。
版权所有，侵权必究。举报：010-62782989，beiqinquan@tup.tsinghua.edu.cn。

图书在版编目(CIP)数据

　　语言学与英语翻译 / 沈继荣 著. --北京：清华大学出版社，2025.2
　　ISBN 978-7-302-56137-8

　　Ⅰ.①语⋯　Ⅱ.①沈⋯　Ⅲ.①英语—翻译—研究　Ⅳ.①H315.9

中国版本图书馆CIP数据核字（2020）第141097号

责任编辑：陈立静
装帧设计：杨玉兰
责任校对：张文青
责任印制：刘海龙

出版发行：清华大学出版社
　　　网　　址：https://www.tup.com.cn，https://www.wqxuetang.com
　　　地　　址：北京清华大学学研大厦A座　　邮　　编：100084
　　　社 总 机：010-83470000　　　　　　　　邮　　购：010-62786544
　　　投稿与读者服务：010-62776969，c-service@tup.tsinghua.edu.cn
　　　质量反馈：010-62772015，zhiliang@tup.tsinghua.edu.cn
印 装 者：三河市龙大印装有限公司
经　　销：全国新华书店
开　　本：185mm×260mm　　印　张：11　　字　数：264千字
版　　次：2025年2月第1版　　　印　次：2025年2月第1次印刷
定　　价：49.80元

产品编号：079154-01

前言

英语已经成为世界通用的语言，翻译就是架起英语与母语之间的桥梁。随着对翻译研究视野的不断拓宽和深入，人们意识到翻译已不再是简单的两种语言文字之间的符号转换，而是一种社会文化情境中的交际行为。国家和社会的迅速发展使各行各业对翻译的需求量越来越大。以英语语言学为基础进行英语翻译的研究已经持续了数十年，理论越来越成熟，也有越来越多的专家、学者将之运用于实践教学。

本书在语言学的理论基础上，从多方面探讨翻译方法与实践技巧。本书共分六章，主要内容包括英语语言学与翻译概述、英语词汇学与翻译、英语语义学与翻译、英语句法学与翻译、英语语用学与翻译、英语语篇学与翻译。

为了方便教师教学，帮助学生快速理解和学习相关知识，本书在编写过程中力求突出以下特点。

（1）结构合理，条理分明。本书介绍的英语语言学相关理论，以"有用为本"，以"够用为度"，选取对英语翻译最有意义的相关理论进行探讨，行文重点突出、逻辑清晰。

（2）简洁流畅，实例丰富。本书的文字叙述通俗易懂、简洁明快；对重点知识的介绍选取了大量翻译实例，便于读者分析、体会。

（3）形式多样，便于阅读。本书在正文之外插入一些小板块，例如内容摘要、学习要点、知识链接等，不仅增加了课外知识，也让版面更丰富，使读者阅读无压力。

总之，本书条理清楚、内容充实、语言简练，既可以作为英语专业的学生用书，也可以作为广大翻译研究者和翻译爱好者的参考读物。

本书在编写过程中参考了很多专家、学者的观点，征求了多方学者的意见，我们在此一并表示感谢！

尽管做出了很大努力，但限于编者水平有限，书中不完善之处在所难免，敬请各位翻译专家、翻译工作者和广大读者批评指正！

编　者
2024 年 12 月

目录

CONTENTS

第一章　英语语言学与翻译概述……………………………………………………1
　第一节　英语语言学与翻译……………………………………………………2
　　一、语言学…………………………………………………………………2
　　二、英语翻译………………………………………………………………5
　第二节　语言学研究对翻译的影响……………………………………………10
　　一、结构语言学对翻译的影响……………………………………………11
　　二、语用学对翻译的影响…………………………………………………12
　　三、认知语言学对翻译的影响……………………………………………13

第二章　英语词汇学与翻译…………………………………………………………17
　第一节　英语词汇概述…………………………………………………………18
　　一、英语词汇的构成………………………………………………………18
　　二、英语词汇的来源………………………………………………………19
　第二节　英汉词类及词性对比与翻译…………………………………………23
　　一、冠词对比与翻译………………………………………………………23
　　二、量词对比与翻译………………………………………………………24
　　三、助词、叹词对比与翻译………………………………………………26
　　四、词性转类与翻译………………………………………………………27
　第三节　英语词形变化与翻译…………………………………………………29
　　一、英语词形变化概述……………………………………………………29
　　二、单复数对比与翻译……………………………………………………29
　　三、时态对比与翻译………………………………………………………30

四、英汉语气对比与翻译 ·· 32

第三章　英语语义学与翻译 ·· 33

第一节　英语语义概述 ·· 34
　　一、语义场理论 ·· 34
　　二、语义关系 ·· 37
　　三、语义异常 ·· 44

第二节　英汉语义对比分析与翻译 ·· 47
　　一、英汉语义对比现象 ·· 47
　　二、英汉词汇语义对比与翻译 ·· 50

第三节　词义的选择、引申和褒贬 ·· 53
　　一、词义的选择和引申 ·· 53
　　二、词义的褒贬 ·· 57

第四章　英语句法学与翻译 ·· 61

第一节　英语句法学概述 ·· 62
　　一、句法关系 ·· 62
　　二、句法功能 ·· 63
　　三、短语、分句和句子 ·· 69

第二节　英汉句法对比与翻译 ·· 73
　　一、主语的对比与翻译 ·· 74
　　二、谓语的对比与翻译 ·· 76
　　三、句型的对比与翻译 ·· 77
　　四、修饰语的对比与翻译 ·· 79

第三节　英汉句式的互译 ·· 82
　　一、特殊主语句翻译 ·· 82
　　二、从句翻译 ·· 88

第五章　英语语用学与翻译 ·· 98

第一节　英语语用学概述 ·· 99
　　一、语境 ·· 99
　　二、指示语 ·· 102
　　三、语用模糊 ·· 105

第二节　英汉语境因素与翻译 ·· 107
　　一、语言语境因素与翻译 ·· 107
　　二、情境语境因素与翻译 ·· 108
　　三、文化语境因素与翻译 ·· 111
第三节　英汉语用模糊与翻译 ·· 125
　　一、不同类型语用模糊的翻译 ·· 125
　　二、模糊限制语及其翻译 ·· 127
　　三、语用模糊翻译的策略 ·· 129

第六章　英语语篇学与翻译 ·· 134
第一节　语篇概述 ··· 135
　　一、衔接 ·· 135
　　二、连贯 ·· 139
　　三、句际关系 ··· 140
　　四、语篇结构 ··· 144
第二节　语篇的翻译 ··· 148
　　一、语篇翻译过程中应该注意的问题 ································ 148
　　二、文本类型与翻译 ··· 153

参考文献 ··· 167

扫码获取课件

扫码获取思政内容

扫码获取更多教材信息

扫码加编辑微信

第一章
英语语言学与翻译概述

 **内容摘要**

英语是世界通用语言，研究英语语言学对于学习英语系国家的文化、促进国际交流合作等都具有重要的意义。由于使用不同语言的国家有着不同的语言习惯和文化背景，因此翻译成为语言交流的必经之路。本章就英语语言学和英语翻译的基础知识进行介绍，在此基础上探讨运用英语语言学理论进行翻译的可行性，为后面的学习打下基础。

学习要点

- ➢ 英语语言学的内涵与研究内容。
- ➢ 英语翻译的含义与过程。
- ➢ 语言学研究对翻译的影响。

第一节 英语语言学与翻译

语言是人类独有的有声符号系统，与文化和思维密切相关。人们对语言的研究形成了语言学。英语语言是字母语言中最具有代表性的、流行性最广的语种，我国学者对英语语言与翻译的研究从未停止，并且取得了丰硕的成果。

一、语言学

（一）语言学的内涵

简单来说，语言学就是研究语言及其相关问题的科学，或对语言的科学研究。语言学的研究内容包括语言的性质、功能、结构、运用、历史发展以及其他与语言有关的问题。

语言学研究的对象是客观存在的语言事实。传统的语言学称为语文学，以研究古代文献和书面语为主。现代语言学则以当代语言和口语为主，而且研究的范围大大拓宽。

英语语言学的研究对社会和个人都具有十分重要的意义。学术界对于语言学的研究有多个学派，其中，最具有影响力的是索绪尔（Saussure）建立的结构语言学派，为语言学的发展构建起理论基础。除了学术界之外，经济、生活等其他领域对语言学的研究也备受瞩目，不仅研究语言的专著不胜枚举，每年还有大量关于语言学的论文在期刊上发表或在学术会议上出现。

（二）语言学的研究内容

语言学经过多年的发展与研究，逐渐分化成了多个研究方向和分支，这里我们将这些分支概括为微观语言学和宏观语言学两大方向，借此一窥语言学的研究内容。

1. 微观语言学

微观语言学所研究的内容主要包括语音学、音系学、词汇学、语义学、句法学和语用学。

（1）语音学

语音学是对语言的语音媒介进行的研究，其关注对象是语言世界中的所有语音。

具体来说，语音学又发展出三个分支，见表1-1。

表1-1 语音学的分支

语音学分支	说 明
发音语音学	从说话者的角度研究语音，即说话者怎样用他的发音器官来发音
声学语音学	从听话者的角度研究语音，即听话者怎样感知到这些语音。声学语音学家发现很多听起来"相同"的语音只是在语音上相似却极少真正相同。这种相似性而并非等同性是我们在进行语言的音位分析时所采取的标准
听觉语音学	通过观察声波研究语音的传播方式，即语音经过空气从一个人到达另一个人的物理方式

（2）音系学

音系学以特定语言中的音谱或语音的系统为研究对象，其研究重点在于揭示一种语言中区别性语音的组织形式，并对世界上各种语言音系的性质做出尽可能详尽的描述。

小 贴 士

音系学与语音学的区别在于音系学研究语言中能够组成语言和产生意义的语音，并重点研究语音的排列顺序；语音学则研究人所能发出的语音，并不强调语音的排列顺序。

（3）词汇学

词汇学是研究词汇系统的学科，其研究内容包括：词汇系统的层级体系、词语的形式和意义、词语的聚合关系、词语的构造、词语的源流演变以及词语的解释等问题。词汇学发展出以下三个分支，见表1-2。

表1-2 词汇学的分支

词汇学分支	说 明
普通词汇学	研究语言词汇的一般理论
描写词汇学	主要采用共时的方法研究某个时期的词汇系统
历史词汇学	主要采用历史比较的方法研究词汇的起源和发展

（4）语义学

语义学是研究语言意义及语言表达之间的意义关系的学科。语义是语言的意义内容，包括以语音形式表现出来的语言和言语的所有内容，是客观现实在人脑中的概括反映，是语言的重要组成部分。

具体来说，语义学的研究内容包括语义特征、语义关系、句子之间的意义联系以及词的所指，具体说明见表1-3。

表1-3 语义学的研究内容

语义学的研究内容	说　明
语义特征	分解语义的义素，如分解"姐姐"的语义，可以得到"亲属""同胞""年长""女性"等义素；分解"胜利"的语义，可以得到"竞争""打败对方"等义素
语义关系	包括词语语义的同义关系、近义关系、反义关系等
句子之间的意义联系	包括蕴含和预设的关系、条件和结果的关系等
词的所指	某个词语的声音形象在社会的约定俗成中被分配与某种概念发生关系，在使用者之间能够引发某种概念的联想

（5）句法学

句法学是研究词是如何组成句子以及如何支配句子构成规则的一个语言学分支，以句法规则为主要研究对象。句法规则规定了词语的顺序、句子的组织方式以及句中每个成分之间的联系，既决定了一个句子的形式和结构，又对句子意义的构建起着重要的作用。

【例】

① Jim saw ‖ Lily in the park.

译文：吉姆看到莉莉在公园里。（吉姆不在公园里，莉莉在公园里）

② Jim saw Lily ‖ in the park.

译文：吉姆在公园里看到莉莉。（吉姆在公园里，莉莉也在公园里）

上面两句英文虽然使用的词语及排列的顺序没有任何区别，但因为句子结构的划分（或断句）不同，所以产生了不同的句意。

（6）语用学

语用学是研究语言使用的学科，是语言学领域的一个新的分支。语用学以特定语境中的话语为研究对象，即如何通过语境来理解和使用语言。因此，语用学关心的是语言是如何用来交际的。

2. 宏观语言学

宏观语言学主要包括语篇语言学、文化语言学、认知语言学、社会语言学、应用语言学等。

（1）语篇语言学

语篇语言学将语篇作为交际系统加以研究，它强调研究应用中的真实语言才是理解语言本质的最佳途径。

（2）文化语言学

文化语言学的任务是从文化和语言的关系角度切入来研究语言，认识语言诸多方面中的一个方面，并从这个方面指导人们更有效地使用语言文字。

（3）认知语言学

认知语言学将语言看成一种认知活动，并以认知为出发点，对语言形式、意义和规律进行研究。认知语言学是以人们对世界的经验以及对世界进行感知和概念化的方法为基础对语言进行研究的学科。

（4）社会语言学

社会语言学是一门新兴的学科，其研究对象主要包括五个方面。

① 社会以及不同集团对各种语言或语言变体的评价、态度以及由此产生的社会效应。

② 各类语言变体的构造特点及其社会功能；

③ 由于社会、经济、文化、政治等原因以及语言接触所引起的语言变化的方式和规律。

④ 一个国家、地区的语言状况（例如双语、多语或多方言状况）以及各类语言共同体使用语言的状况、特征。

⑤ 交际情景与选择语码之间的关系以及语码选择与人际关系的相互作用。

（5）应用语言学

应用语言学就是把语言学知识运用于实际工作的研究。应用语言学的研究与发展，将语言学与其他学科和领域结合起来，产生了许多交叉学科，例如计算机语言学、心理语言学、病理语言学、人类语言学、神经语言学等。

二、英语翻译

（一）翻译的含义

在汉语中，"翻译"一词有动词和名词的属性，在不同的句子中又可能有不同的含义，对应的英文可能是 translate、translating、translation 等词。

要较为全面、准确、恰当地定义"翻译"，就必须考虑到如下几个方面的问题。

（1）翻译是一种跨语言、跨文化的交际活动，翻译的界定首先应该涉及语言的独特性以及由此而产生的语际间的差异性。

（2）翻译是一种特殊的语言交际活动，活动的客体包括原文和译文，活动的主体涉及原文作者、译者和译文读者，其中译者充当的是中介人与调节者的角色，不仅应该忠实于原文作者意图及原作意义，同时还要尽量消除、化解或再现语言之间的差异性，并以地道、流畅的行文将原文信息准确地传递给译文读者。

（3）原文内容至少蕴含了两个层面的信息，即概念信息和文体风格信息，其中概念信息（或意义）传递是第一位的，在此基础上，译者还应该尽量保留原文的文体风格信息。

据此，我们认为当代美国翻译理论家 Eugene A. Nida 为翻译所下的定义最为妥帖，即翻译就是要在译入语中用最贴切、自然的对等语再现原语的信息，首先是语义信息，其次是文体风格信息。理解这个定义，应该把握以下几点。

① 翻译是一种有条件的、不完全的对等转换。
② 转换的对象包括语义信息（语义内容）和文体风格信息（语言形式）。
③ 内容传递是第一位的，形式再现是第二位的。换言之，译者应尽量保留原文的形式信息，而当内容与形式不可兼得时，则只能退而求其次。
④ 译文语言在语义和形式上应该最大限度地贴近原文，同时行文应该通顺得体、自然流畅，符合译入语的表达习惯，最大限度地避免佶屈聱牙的翻译腔或翻译症。

这里我们用两个例子来帮助大家体会翻译的内涵。

【例】

It was a day compounded from silences of bee and flower and ocean and land, which were not silences at all, but motions, stirs, flutters, risings, fallings, each in its own time and matchless rhythm.

译文：蜜蜂无言，春花不语，海波声歇，大地音寂，这日子如此安静。然而并非安静，因为万物各以其特有的时间与节奏，或振或动，或起或伏。

原文中先是用 and 连接了各并列成分（"连珠"修辞法），后又省略了最后两项并列成分之间的并列连词（"散珠"修辞法），产生了极强的渲染效果，使热闹纷繁的春日景象跃然纸上。但在汉语中并没有以上两种修辞格的对应形式，因此只能用汉语特有的词组或小句堆叠，将行文的流水美感体现于字里行间。

【例】

脚踏上去，没有声音，也没有气味，只能感到一点儿极微细、极柔软的触觉。

译文一：When you step on them, you just have the slightest sense of touching something very soft with neither sound nor smell.

译文二：Quiet and smellless, they feel tiny and soft under foot.

译文一基本上对原文的外在形式进行了复制，语义上没有问题，但却有严重的翻译腔，故而在意境和神韵传递方面不及译文二。

（二）翻译的过程

概括来说，翻译的过程主要包括理解和表达两个阶段。

1. 理解阶段

理解的对象是源语或原作所蕴含的各种信息，包括概念信息、文体信息、风格信息、修辞信息等，这些信息或意义可见于词语、句子、语段或篇章等各个层面。翻译中的理解是整个翻译过程得以实施的必要前提和条件，须以"信"为原则，并经得起"忠实"标准的检验。为此，我们将从不同的语言层面入手探讨理解中的问题。

（1）词义理解

字词对于整个语言构成意义非凡，在语言转换过程中，字词理解若有偏差就会影响整个句子乃至篇章意义的正确表达。

语义理解失误有多方面原因，其中包括词义领悟不深、语义选择不当、一般意义代替特殊意义等，而所有这些几乎都与语言之间的差异性密切相关。译者必须清楚地了解英语词语的多义、复义、词义范围等，进而在翻译时准确选择词义，才能流畅转换。

【例】

Besides the neutral expression that she wore when she was alone, Mrs. Freeman had two others, forward and reverse, that she used for all her human dealings.

译文一：除了独个儿的时候不带任何表情外，弗里门太太与人交往都有朝前和相反两种表情。

译文二：除了独个儿的时候不带任何表情外，弗里门太太与人交往都会有一放一收两副面孔。

在原文中，forward 为多义词，这里显然表示"傲慢的""咄咄逼人的"等含义，reverse 意为"相反的"，其内涵意义应该与 forward 的反义词 backward 相当，表示"收敛的"等。理解完成后，则还要根据情况选择适当的形式进行表述，译文二不仅词义恰当，表达也很简练。

（2）结构理解

结构上的理解会涉及语境。语言是思维方式的载体，不同的行文习惯往往代表着迥异的思维方式，每一种语言必然拥有表达相应思维模式的特定句型或句式。例如，英语中有很多独特的结构就无法按照汉语的思维习惯加以解析，否则便会导致理解失误。

【例】

It is rather cool, not to say cold.

译文一：天气相当凉爽，不用说冷了。

译文二：天气虽然不算冷，也已经相当凉了。

译文一中出现了因为结构理解错误而产生的逻辑或语义连贯失误。not to say 相当于 if one may not say（虽然不能说、即使不能说），而不等于 not to speak of、to say nothing of、not to mention、let alone（不用说，不消说）等，因此译文二更准确。

2. 表达阶段

表达是指在正确理解的前提下运用目标语言对上述各种信息或意义进行得体表述。成功表达的标准有两个：一是内容必须正确，二是表述务必得体。通常情况下，检验表达成功与否的标准为"通顺"与"畅达"。

由于行文习惯上的差异，某些独特的词句在另一种语言中往往难以进行得体的再现。因此，表达时也可以"适度"保留原文中的"异国情调"。在这里，"适度"的标准是不过分偏离译入语的行文规范。

（1）词语表达

词义理解尚可参照词典，而词语表达就需要译者的翻译功底了。例如，widow 一词在词典中的解释是"寡妇"或"成为寡妇"，词义很容易理解，但在具体的句子翻译中要表达得地道却不那么容易。

【例】

She has been a widow only six months.

译文一：她不过才做了半年的寡妇。

译文二：她守寡才不过半年。

在这个例子中，两种译文都不能说错，但"做寡妇"和"守寡"并不是"她"情愿的事，与"不过半年"搭配显得生硬，因此需要做一些调整，可以改译为"她丈夫去世至今不过半年"，以便说明"她"面对的是一种客观情况。

【例】

One day she was pink and flawless; another pale and tragical. When she was pink she was feeling less than when pale; her more perfect beauty accorded with her less elevated mood; her more intense mood with her less perfect beauty. It was her best face physically that was now set against the south wind.

译文一：有的时候，她就娇妍完美；有的时候，她就灰白戚楚。她脸上娇妍的时候，她就不像她脸上灰白的时候那样多愁善感；她更完美的美丽，和她较为轻松的心情互相协调；她更紧张的心情，和她稍差的美丽互相融洽，现在迎着南风而摆出来的那副面孔，正是她在形体方面表现得恰到好处的那一种。

译文二：近来她的面容总是随着心境而不断变化：轻松愉快时，脸庞美丽动人，抑郁忧伤时，风韵无影无踪；面色时而红润美艳，时而苍白凄婉。较之冲动的心绪，平和的心境更能让她容貌完美无瑕。南风拂面，此刻她的脸颊最为妩媚。

本例原文频繁出现了名词替代现象，译成汉语时绝大多数都可以或应该省略。译文一不仅保留了原有的八个代词"她"，而且又额外增加两个，完全背离了汉语的行文习惯。而译文二通过省略代词并适当调整行文的方式来翻译，其表达效果便灵动、有韵味得多。

（2）句子表达

英语与汉语在句法结构上存在很大差别，因此翻译中的句子表达需要引起注意。

知识链接

英语句子与汉语句子的区别

英语句子一般先用行为主体与表示主要动作或状态的动词构成整个句子的主干，而后借助各种从属结构、非谓语动词、独立主格结构等将其他动词处理为次要成分。在这样的句式中，主句中的核心谓语动词是整个句子的焦点，其他次要信息均围绕该焦点逐层展开，从而构成一个树状的立体结构。

汉语虽然不排斥形合衔接手段（例如关联词语），但就总体而言，意合方式才是汉语表达的灵魂。汉语往往会按照自然的时空顺序来安排句子内容，信息单位多为叠加式词组或小句，各叠加成分多以并列方式依次展开，整体上体现为线性的流水结构。这样一来，汉语句子的核心信息焦点往往隐藏在字里行间。

英语和汉语的行文方式或信息呈现手段不同，而造成这种差异性的最主要原因就在于英语注重形合，汉语偏向意合。可以说英汉句子及语段翻译的关键就在于处理好形合与意合之间的关系，并适当调整相应的结构或成分。

【例】

Life here is as cheap as taxis are expensive.

译文一：这里的生活便宜得正如出租车很贵那样。

译文二：这里生活费用很低，出租车却贵得离谱。

原文出现了由as...as衔接的独特的比较结构，译文一保留了原文形合方式，显然不符合汉语的行文习惯。译文二通过形合衔接手段和意合连贯方式表达，将原文的主从结构译为并列结构，算是合意、合体了。

再来看一个汉译英的例子。

【例】

就这样，面对着满院子灿烂的花，不说一句话，心中的怨恨却早已全消了。

译文一：Thus looking at the splendid flowers around the yard, my grudge vanished without a single word to say.

译文二：Facing the splendid flower blossoming in the yard, without saying any word, the dissatisfaction in my mind had already gone away.

译文三：Seeing the blossomed flowers in the yard silently, that discontent in my heart disappeared in this way.

上述三个译者能够有意识地运用非谓语形式将信息结构层次化，这一点是应该肯定的，但是，三个译者均出现了"垂悬分词"或"垂悬修饰语"这种不规范的表述形式，不可取。

 小 贴 士

> 垂悬分词又称悬垂分词，是指省去独立主格中自带的主语，是独立主格中的一种错误用法。
>
> 垂悬修饰语是指一个句子中与其他词没有明显修饰关系的词或短语。它一般出现在句首，用作状语。垂悬修饰语是英语句子写作中最常出现的一类修饰语错误。

上述三种译文可以用意合的方式进行调整，改译如下。

译文四：Facing the riotous flowers in the yard, I found all my grudges quietly dispelled.

译文五：The flowers in the yard presenting a riot of color before my eyes, all my grudges were thus quietly dispelled.

译文六：With the riotous flowers of the whole yard before my eyes, all my grudges were thus quietly dispelled.

上例表明，在翻译过程中，某些句子可能会有多种表达形式，只要不违背原文意思，且又符合目标语表述习惯，这些形式都具有存在的理据与价值。因此，从某种程度上说，翻译是一项创造性的活动，译者完全可以根据自己的认知，做到匠心独运。

第二节　语言学研究对翻译的影响

如前所述，语言学是研究并揭示语言中存在的普遍规律的科学，探索范围包括语言的结构、语言的运用、语言的社会功能和历史发展,以及其他与语言有关的问题,它是以人类语言为研究对象的。而"翻译是一项对语言进行操作的工作",它与语言学有着千丝万缕的联系。因此,语言学的发展对翻译学科的发展有一定的影响,这里选取了几个典型的方面介绍语言学研究对翻译的影响。

一、结构语言学对翻译的影响

(一)索绪尔观点的影响

结构语言学的奠基人索绪尔在《普通语言学教程》一书中提出了一系列观点,这些观点是翻译可行性的理论前提。

(1)索绪尔认为语言是一个符号系统,"语言符号连接的不是事物和名称,而是概念和音响形象"。他把概念叫作"所指",把音响形象叫作"能指",并指出语言就是这样一个由"所指"和"能指"联系而构成的"表达观念的符号系统",而这个符号系统中各个成分之间存在着相互依赖、相互制约的关系,有自身特有的内在秩序或规律。这也就意味着语言的意义是静止的、凝固的、固定不变的。

(2)索绪尔强调语言和语言之间的差异,并将语言作为语言学的研究对象,将语言视为一个静态封闭的体系,注重研究语言符号的构成性规律和组合规律。

(3)索绪尔还强调意义的确定性和语言的共性。而意义的传达是翻译中最基本的问题之一。翻译,不应该只是译词,还要译意。不但要译意,还要有译味。从一种语言到另一种语言,意义能否转换、如何转换是翻译理论界长期探讨的主要问题。

【例】

——You are so beautiful today.

——Thanks.

译文一: ——今天你真漂亮。

　　　　——谢谢。

译文二: ——今天你真漂亮。

　　　　——哪里,哪里。

上例中前半部分我们很容易翻译,后半部分如果按照词义直接翻译成"谢谢",就显得生硬。而如果我们考虑到英文语境中要表达的意思,将其放在中文语境中再现,那么,翻译成谦虚的讲法"哪里,哪里",便更加地道。

总之,索绪尔的系统观让人们认识到意义是可以转换的,从而在翻译实践中摆脱了词义的束缚。

（二）乔姆斯基观点的影响

继索绪尔之后，美国语言学家乔姆斯基（Noam Chomsky）强调语言学研究对象为语言能力而非语言现象，并在其著的《翻译的理论问题》中对翻译及与翻译密切相关的一些本质问题进行了探讨。乔姆斯基将语言分为深层结构和表层结构，提出短句结构规则和推导模式等，为翻译的理论与实践做出了巨大贡献。

乔姆斯基所研究的问题远远超越了一些经验主义的范围，加深了人们对翻译的理性认识，帮助翻译从经验主义中走出来，逐步进入科学的领域。

二、语用学对翻译的影响

语用学是研究语言使用和语言交际的语言学分支学科，它研究的是语言使用者如何使用句子进行交际。

（一）语用的意义

语用学强调要把语义置于使用语境中去研究，注重诸多交际环境对语言的理解和运用所产生的影响。语用学的语用意义原理要求翻译加强对语境的分析，这有助于对原文形成正确的理解，避免译文的失误。

（二）关联理论

语用学强调语境，因为语言总是在某种语境中使用的。而在翻译过程中，译者所需处理的正是语言在某种语境中的特定意义。语用学的学者提出的关联理论认为："交际中的语境是一个变项，是动态的，是听话人在话语理解过程中的心理构建，交际双方以一定的认知环境为背景，在不断的交流过程中，新的经历添加到潜在的语境之中，构成新的语境。"简而言之，关联理论认为语境是在交际过程中为了正确理解话语而存在于人们大脑中的一系列假设。

根据关联理论，译者要在翻译时尽量了解原作者试图向读者传达的语境假设，从而在准确理解作者所要表达的信息的基础上进行再创造。

【例】

She was a bone-thin woman with a pretty face, dark eyes, and brown hair that hung down from her back.（Raymond Carver: What Do We Talk about When We Talk about Love）

译文：她身材瘦削，面容姣好，黑眸深邃，一头棕色长发披肩而下。

在这个句子中，"bone-thin"如果翻译成"骨瘦如柴"，就会造成上下文信息之间的不和谐，因为人们很难想象一个骨瘦如柴的人还会有一张漂亮的面孔。

【例】

Chinese Cabbage has a cylindrical shape, with layers of pale green and white leaves that are thinner and softer than its western counterpart.

译文：大白菜长着圆柱的形状，一层层的叶子呈淡绿色和白色，和西方的卷心菜相比，它的叶子较薄，也较软。

这个例子中的"thinner"不能译为"较细"，我们是在比较大白菜和卷心菜的叶子，因此应该是"较薄"的意思。

英汉两种语言中的一词多义是普遍现象。以上两个句子中，都出现了 thin 这个单词，译者不能简单地依据单词的字典释义来翻译，必须借助语境来判断 thin 的词义。因此，准确把握语言语境便是译者最好的一种翻译手段，语言语境将源语和译语紧紧联系在一起，使翻译更顺利地进行。

（三）语境文化

众所周知，原文作者与译文读者往往处于不同的文化背景。翻译不仅要翻译语言，更要翻译文化。例如，汉语中有一则激励人们坚持锻炼身体的谚语——冬练三九，夏练三伏。"三九"和"三伏"如何翻译为英语呢？如果翻译员对美国人说 three nine 和 three fu, 听的人必定会感到莫名其妙。这就要根据语境的文化背景来翻译，只要说"In winter keep exercising during the coldest days; In summer do the same thing during the hottest weather."就可以了。

总之，优秀的译者，不仅要对源语和目的语语言运用自如，了解语言背后的文化，还要在不同的语言文化中寻找最佳的关联性，通过文化对比，做出真正对等的传译。这就使翻译走出了纯语言的领域，不仅根据词汇、形态、句法分析语言，根据上下文分析语境，还要通过语言洞察文化。翻译由此迈向更广阔的社会文化空间。

三、认知语言学对翻译的影响

认知语言学包括认知语义学、认知语法和认知语音学三个分支。其中，认知语法是通过对现存语言的分析及了解其背后产生的环境及习惯、隐喻等，归纳出来的语法规则。近年来，人们对认知语言学的研究越来越深入，并开始关注隐喻的认知功能及其对翻译的影响。

（一）隐喻的认知理论

相关学者认为，隐喻不仅是语言的一种普遍现象，即语言修辞手段，而且也是一种思维方式——隐喻概念体系。按照这样的理解，人类语言整体上是一个隐喻性的符号系统，语言使用中的隐喻只是一种表层现象，真正起作用的是深藏在我们概念系统中的隐喻概念。这种隐喻概念来源于人们自身的经历和体验，帮助人们获取新知识，理解新事物。

【例】

情人眼里出西施。

译文一：Xishi is in the eye of the beholder.

译文二：Beauty is in the eye of the beholder.

在这个例子中，"西施"隐喻的是美女，直译会让人产生误解。译文二用了一种更生动的词 beauty，这个词在英语中更通俗和容易接受，同时使文化差异带来的影响降到最低。

（二）隐喻与诗歌的翻译

关于隐喻的认知理论对诗歌的翻译有很大的启示。一般认为，诗歌常常通过一系列的隐喻或意象建构一个中心概念或诗歌主题。

1. 诗歌的隐喻主题

诗歌的主题表现为一个概念隐喻时，翻译诗歌就可以从概念隐喻入手，通过转换概念隐喻，实现诗歌主题的翻译。这种思路为诗歌意象的表达、意境的营造提供了无限的可能。例如，美国艾米莉·狄金森的"Wild Nights——Wild Nights"一诗，标题中"Wild"所修饰的不是紧随其后的"Nights"，而是用来修饰隐含于字里行间的"人"，以及人在夜里的某种狂烈情绪。因此，如果我们把它译成"暴风雨夜晚"就会造成误读，似乎屋外正是暴风雨。如果考虑诗歌的隐喻，将其译为"夜呀，夜呀——暴风雨"，就将诗人心里的暴风雨，以及其一夜又一夜对爱人灼热的挚爱和难以了却的思念之情表达了出来。

2. 诗歌的意象主题

意象是诗歌艺术的精灵，是诗歌中熔铸了作者主观感情的客观物象。因此，当诗歌以意象构建主题时，翻译诗歌要努力通过语言线索解读原文意象，实现诗歌意象在译文中的成功再现，从而获得形神兼备的翻译效果。我们可以根据下面的例子来体会。

【例】

白发三千丈，缘愁似个长。

译 文：My whitening hair would make a long long rope, yet could not fathom all my depth of woe.

这句中国古诗中的"三千丈"是采用了夸张的手法来表示白发"长"的程度，如果把"三千"译成 three thousand 就完全失去了原文的意味，也会使读者感到困惑。所以译者要尽量传达原文的意象给读者，用英文语言再现意象。

再来看一首完整的诗。

【例】

答友人

毛泽东

九嶷山上白云飞，
帝子乘风下翠微。
斑竹一枝千滴泪，
红霞万朵百重衣。
洞庭波涌连天雪，
长岛人歌动地诗。
我欲因之梦寥廓，
芙蓉国里尽朝晖。

译文一：

Reply to a Friend

Mao Zedong

White clouds are sailing above Mount Jiuyi,
Riding the wind, the Princesses descend the green hills.
Once they speckled the bamboo with their myriad tears,
Now their radiant robbers trail rose-red clouds.
Dongting Lakes' snow topped waves skyward;
The Long Isle reverberates with earth shaking song.
And I am lost in dreams, untrammeled dreams,
Of the land of hibiscus glowing in the morning sun.

译文二：

Reply to Friend

Mao Zedong

The fleecy clouds are flying over Mount Jiuyi,
The queens of legend down wind from the verdant crest.
They hold a bamboo cane they've stained with copious tears;

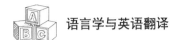

In heaps of rosy clouds the two are richly dressed.
The snow white waves of Dongting Lake surge to the sky;
On the Long Isle songs burst into earth-shaking booms.
And thereupon I'm musing on the boundless space;
The morning sunlight floods your Land of Lotus Blooms.

这首诗是毛泽东写给青年时代创办新民学会时的老友周世钊的。从九嶷山的地理位置和湘妃的典故，我们可以推断出他的朋友住在湖南。诗人以诗歌的形式给这位朋友回了信，在诗的最后一行提醒、启发朋友——你看看你自己的家乡湖南省，不是一片大好形势吗！

 小 贴 士

"芙蓉"是指荷花，湖南遍地皆是荷花；湖南荷花结的莲子最好，称为"湘莲"。而长沙的第一个高级宾馆取名叫"芙蓉宾馆"，也体现了地方特色。所以，"芙蓉国"就是指湖南。这里又是象征手法，泛指全国。

译文一把"芙蓉"译成了hibiscus，是对原诗理解得不够深透。因为hibiscus是一个拉丁词，指一种在秋季开花的灌木，又称"木芙蓉"，是学术名词，只有明指意义，而无联想意义。

译文二将"芙蓉国"译成Land of Lotus Blooms才更贴切地还原了原诗的意象。

第二章

英语词汇学与翻译

 内容摘要

在绝大多数语言中，词汇都占据着十分重要的地位，是语言的基础，很多语言单位（词组、固定搭配等）都是由词来构成的，英语也不例外。无论是语言理解，还是语言表达，都离不开词汇，对于翻译来说词汇更是基础中的基础。本节主要围绕英语词汇学的相关内容展开分析，从词汇的角度总结一些翻译的技巧。

学习要点

➢ 英语词汇的构成与来源。
➢ 英汉冠词、量词、助词、叹词的对比与翻译。
➢ 英汉词性转类与翻译。
➢ 英汉单复数、时态及语气变化与翻译。

第一节　英语词汇概述

词汇又称语汇，是理解和使用语言的基础。一个人的词汇掌握情况直接影响其听、说、读、写、译的能力。只有掌握了一定的词汇量，才能理解他人的话语和文章，才能做好翻译，达到交际的目的。

一、英语词汇的构成

词汇是语言的构成要素，一种语言包含多少词汇很难说清。一般来说，语言越发达，词汇越丰富。就英语来说，其词汇大致可以分成基本词汇和一般词汇。

（一）基本词汇

基本词汇是整个词汇系统的核心和基础。基本词汇有几个重要特点：

① 产生的历史长，很多词都是千百年前就有了；
② 使用的范围广；
③ 构词的能力强。

一种语言中的基本词汇的词大部分是相当稳定的，但是随着历史的发展，个别成分也会发生变化。实际上，基本词汇和一般词汇的界限是比较模糊的，很难截然分开。

（二）一般词汇

一般词汇的主要特点是：

① 不是全民常用的。
② 或者虽然在短期内为全民所常用，但不稳固，容易发生变化。
③ 一般没有构词能力或者构词能力比较弱。
④ 产生的历史较短，使用范围狭窄，构词能力较弱。

一般词汇根据词的不同来源又可以分为古语词、方言词、外来词和新造词四种。

1. 古语词

古语词指古代已经产生，但又不算基本词汇，只是偶尔会用到的词，分为两类。一是历史词语，指现实生活中已经消失的事物或现象的名称；二是文言词语，指古代的事物或概念现在还存在，但是已经用其他词替代了。

2. 方言词

方言词是相对于全民通用词汇来说的，是指那些本来在方言地区通行，进入共同语不久，并且被全社会接受和比较广泛使用的词。来自方言的词不一定永远是方言词，不是来自方言的词也不一定就不是方言词。

3. 外来词

外来词也叫借词，是一种语言从外族语言中翻译或借用来的词语。各种语言都大量吸收外来词。狭义的汉语外来词只包括音译外来词，广义的外来词包括：纯粹音译的词、半音译半意译的词、音译兼意译的词。

4. 新造词

新造词指过去没有而新创造出来的词。这是一般词汇的重要来源。新事物的涌现会产生大量新词。狭义的新造词只指利用原有词并按照通常的构词方式创造出来的词。广义的新造词包括从原有词中产生的新的意义和用法。

二、英语词汇的来源

英语词汇在不断地发展变化，而正是在这种发展和演变过程中，英语词汇通过不断吸收大量的外来词语，并创造了新词，使当今的英语成了世界上最为丰富的语言之一。

（一）本族语成分

由于英语、日耳曼语、荷兰语等都属于印欧语系，因此其中不免存在着一些共同的成分。而这些共同的成分会根据音变规律，以自身语言的特点存在，并不是以彼此共同的特点存在。

一般来说，印欧语系共同成分中的词大多与人们的基本生活密切相关。例如，father（父亲）、goose（鹅）、door（门）等。同时，经过民族大迁徙，很多人在平原地区定居，因此生活方式也由之前的游牧方式转变成农耕方式。因此，英语本族语词中也融入了大量的与农耕文化相关的词汇，例如 corn（玉米）、grain（谷物）等。

此外，需要特别指出的是，盎格鲁-撒克逊人的语言成分在英语中有着重要意义，尤其体现在以下几个层面，见表 2-1。

表 2-1　英语词汇的引入

序号	类型	举例
1	表示家庭生活的词	house（房子）、dough（面团）
2	表示日、月、时间的词	Sunday（周日）、year（年）、evening（晚上）
3	表示人物身份的词	widow（寡妇）、shepherd（牧羊人）、king（国王）
4	表示人体部位的词	arm（胳膊）、heart（心）、bone（骨头）、hand（手）
5	表示动植物名称的词	horse（马）、bear（熊）、sheep（羊）、grass（草）
6	常用的动词和助动词	bite（咬）、grow（生长）、drive（开车）、sing（唱）、find（找）、choose（选择）、climb（爬）、do（做）
7	常用的形容词	light（浅的）、bitter（苦的）、deep（深的）、busy（繁忙的）、fat（胖的）、kind（友好的）、wise（聪明的）、bright（明亮的）

从上述词汇可以看出，盎格鲁-撒克逊语言中的本族语成分往往都属于单音节词。这些单音节词在英语中具有重要地位。

（二）拉丁语成分

拉丁语本为意大利中部拉丁姆地区的语言，后来由于罗马实力的扩张，使拉丁语成为罗马帝国的语言。拉丁语对英语词汇的影响不容忽视，大致可分为以下四个主要的阶段。

1. 大陆阶段英语的拉丁语成分

公元前 1 世纪，罗马入侵欧洲大陆，此后很长一段时间，当地人的语言吸收并引进了大量的拉丁语成分，涉及多个方面，见表 2-2。

表 2-2　大陆阶段英语的拉丁语成分

类型	举例
食品	pepper（胡椒）、cheese（奶酪）、wine（酒）
贸易	mint（造币厂）、cup（市）、trade（贸易）
家庭用具	jar（罐）、tile（瓷砖）、pillow（枕头）、dish（盘子）
地名	Winchester（温彻斯特）、Manchester（曼彻斯特）、Leicester（莱斯特）

2. 古英语阶段的拉丁语成分

古英语阶段由拉丁语产生的英语词汇与宗教之间有着密切关系。例如，creed（教义、信条）、pope（主教）、nun（修女）、priest（牧师）等。此外，还有一些经过拉丁语而间接从其他语言中借过来的词语。例如，bishop（主教）、church（教堂）、alms（施舍）等。

3. 中古英语阶段的拉丁语成分

在中古英语阶段，英语词语中出现更多的拉丁语词，这些词语除了通过法语进入英语以外，另一种途径是通过拉丁语进入。而这一阶段的拉丁语借词是通过书面语进入的，并不十分广泛，主要体现在医学、科学、文学、神学等领域。例如，pauper（穷人）、individual（个人）、immune（免除的）、mediator（调停者）、genius（天才）等。

4. 现代英语阶段的拉丁语成分

现代英语阶段主要包含文艺复兴时期以及其后几百年，欧洲学者开始对古典文化进行学习和研究。从公元16世纪到公元18世纪，科学家、文学家在进行写作时，往往会运用到拉丁语。这一时期有大量的拉丁语进入英语。例如，omen（预兆）、advocate（提倡）、decorum（礼貌）、focus（焦点）、appeal（上诉）、item（条款）等。

（三）法语成分

法语成分在英语词汇形成中也有着重要作用。这里我们分两个阶段来介绍。

1. 中古英语阶段的法语成分

大致在1250年之前，古英语中的法语词借用数量比较少，大多都是描写底层英国人民与法国贵族交往的。例如，baron（男爵）、dame（夫人）、feast（盛宴）、messenger（信使）等。

1250年之后，原本习惯于说法语的人开始说英语，英语逐渐成了官方语言，大量的词被引入英语，涉及生活、军事、食物、服装、教会、政府、医药、法律、艺术等。例如，art（艺术）、treaty（条约）、robe（罩袍）、battle（战役）、chart（图表）、literature（文学）、government（政府）等。

2. 现代英语阶段的法语成分

在现代英语阶段，对法语借词的吸收过程往往是将法语单词的拼写形式进行保留，有时候甚至还有读音形式。

随着历史的发展，英语词汇引入法语的词汇类型有所不同，见表2-3。

表 2-3　历史上英语词汇引入的法语

时　间	类　型	举　例
17 世纪	广泛的领域	envoy（信使）、salon（沙龙）、soup（汤）等
18 世纪	军事、外交相关	manoeuvre（演习）、espionage（谍报）、regime（政体）
19 世纪	饮食、文化、外交、艺术类	baton（指挥棒）、elite（精华）、dossier（档案）、literature（文学）
20 世纪	军事方面	camouflage（伪装）、hangar（飞机库）、fuselage（机身）

（四）希腊语成分

希腊文化要早于罗马文化，并广泛受到了罗马人的推崇，因此很多的拉丁语来自于希腊语。而英语词汇中的希腊语成分大多也都是通过拉丁语引入的。例如，irony（讽刺）、drama（戏剧）、atmosphere（大气）、dogma（教条）、chaos（混乱）等。

文艺复兴时期，一些人文主义者研究和翻译了大量的古希腊、古罗马文学，很多希腊词汇也进入了英语词汇。此外，有些词是由希腊语成分与拉丁语成分组合成的。例如，chromatic（彩色的）、epicenter（震中）等。

（五）意大利语成分

文艺复兴时期，由于英国与意大利在商业、文化等方面有着密切的关系，因此，一些意大利语也随之进入了英语，主要类型见表 2-4。

表 2-4　英语词汇中部分意大利语借词

类　型	举　例
音乐	baritone（男中音）、opera（歌剧）、duet（二重唱）
食物	vermicelli（细面条）、macaroni（通心面）、broccoli（花椰菜）
建筑	balcony（阳台）、niche（壁龛）、portico（门廊）
政治、军事	fascist（法西斯主义）、cannon（大炮）、ballot（投票表决）

第二节 英汉词类及词性对比与翻译

英语属于印欧语系，为表音文字，汉语属于汉藏语系，为会意文字。在英汉翻译过程中，形、音方面的转换经常面临各种问题。本节就英语词类和词性的对比与翻译进行探讨。

英汉语词类数量及范围有所不同（见表 2-5）。

表 2-5　英汉语词类数量及范围对比

词 类	实 词	虚 词
英语 （10 类）	名词、动词、形容词、副词、数词、代词	冠词、连接词、介词、叹词
汉语 （12 类）	名词、动词、形容词、量词、数词、代词	副词、介词、连接词、助词、叹词、拟声词

从表 2-5 可以看出，英汉语词类不仅数量不等，形式及划分范畴亦有差异：冠词为英语独有，量词、助词及拟声词则为汉语独有；英语副词为实词，汉语副词则为虚词等。就翻译而言，不考虑副词归类问题似乎并无大碍，至于词类空缺方面的差异，就需要译者倍加关注了。这里针对几项英汉差别较大的词类展开分析。

一、冠词对比与翻译

英语冠词只有 a、an、the 三个，数量少却能发挥很大作用，使用频率也非常高，运用规则较为完备。在汉译英过程中，就应当增加必要的冠词才能避免出现句法错误。

在汉语中，名词类的区别意义通常为隐含性的，而一旦表述为英语，就需要借助不定冠词加以显性处理。定冠词也可以用于表达区别意义，因此汉译英时偶尔也可以用 the 替代 a 或 an。

【例】

马是有用的动物。

译文一：A horse is a useful animal.

译文二：The horse is a useful animal.

这两个译文都可以，在译文二中，定冠词 the 无特指意义，并不是指"这匹马"。由于汉语中没有冠词，所以英译汉时往往需要酌情对冠词进行化解。特别需要注意的是，定冠词 the 在某些特定搭配中的特指或限定意义。例如，go to school 的意思是"去上学"，其中 school 为抽象的虚指；而 go to the school 表示"去学校"，school 为具体的实指。由此可见，定冠词往往具有明显的辨义功能。

不定冠词的转换则涉及另外的问题，不定冠词主要用于泛指，表示一类人或事物，尽管有时不乏数的概念，意义与 one 大致相当，但是翻译时仍以隐性处理为主。某些情况下，汉译英用与不用冠词甚至能产生两种相反的意义。

二、量词对比与翻译

（一）英汉量词对比分析

汉语中的量词是独特的词类，数量众多，且运用频繁，在用法上既可以实指，也可以虚指，实指表达实际概念，虚指具有修辞作用。此外，无论是实指还是虚指，不少量词都具有感情色彩，使用时马虎不得。

英语中虽无量词概念，却有相应的表述手段，即借助单位名词或量名词表达与汉语量词类似的意义。和量词一样，单位名词也可以用于实指和虚指，不少形式也具有明显的感情色彩。

（二）英汉量词翻译

量词翻译实非轻而易举，应重点注意以下几点。

1. 量词的概念意义

很多情况下，同一量词可以用来限定不同对象，此时译者应首先仔细分析所用量词在概念意义上的细微差异，而后在英语中找到对应的单位名词加以转换。

【例】

① 他从井里提出满满一桶水来，冲洗沾满污泥的衣服。

译文：He dipped up a bucketful of water from the well and dashed it over the coat covered all over with mud.

② 一个卖牛奶的姑娘正向集市走去，手里提着一大桶牛奶。

译文：A milk maid was on her way to the market. In her hand she carried a large pail of milk.

上述两例均使用了"桶"字，表面看来并无任何差异，而一旦译成英语，就需要根据搭配关系及概念意义进行选词。bucket 一般指打水用的吊桶，pail 则多指用来运送液体（例如水、牛奶等）的容器，故而在译文选词上应加以区别。

2. 量词的修辞色彩

量词翻译还须注意感情与修辞色彩，前者较易处理，只稍留意语义褒贬，寻找恰当的对应形式即可。

【例】

向窗外看去，你会看见一片片涡旋的白云漂浮在湛蓝的海面上。

译文：Looking out of the window, you'll see the blue oceans covered with swirls and patches of white clouds.

与汉语"片"对应的英语单词有 piece、expanse、stretch、field、tract、mass 等，上例译文选择了 patch，原因在于 patch 一词具有较强的修辞色彩，可以将"与周围颜色不同"这一强调视觉反差的表现效果传递出来。

3. 量词的虚指现象

汉语中量词有很多实指，例如"一桶水""两桶水"等；但也有虚指现象，一般不能将数词改为复数。因此量词虚指译成英语时往往需要灵活处理，或转换成其他形式，或直接将其省略。

【例】

大厅此时沉浸在一片漆黑之中。

译文：The hall was now completely dark.

"一片漆黑"的"一片"就是虚指。这里使用了省略量词的方法。英语中虽无量词概念，但可以借助单位名词或量名词表达相应的意义。这说明，在英汉转换过程中，不少单位名词可以直接译为量词。

需要注意的是，汉语量词往往不只表达确定的概念意义，有时还可能蕴含丰富的修辞意义。例如，量词重叠既可实指，也可虚指，而无论虚实，两者均具有节奏及语态上的修辞效果。

【例】

Vast flats of green grass, dull-hued spaces of mesquite and cactus, little groups of frame houses, woods of light and tender trees, all were sweeping into the east.

译文：一片片茫茫的绿色草原，一簇簇色泽灰暗的牧豆树和仙人掌，一群群小巧的木屋，一丛丛轻枝嫩叶的树林——一切都在向东奔驰。

译文中的"簇簇""群群""丛丛"就是量词重叠的修辞作用。在英译汉过程中，原文即使未出现单位名词或量名词，译者有时可以根据表达需要添加适当的量词。

最后需要指出的是，英语中有一种类似量名词或单位名词的习惯搭配形式，翻译时不宜直接转换为汉语的量词。例如，a great mountain of a wave 的意思相当于 a wave like a great mountain，因此可以译为"排山倒海似的波涛"。

三、助词、叹词对比与翻译

（一）英汉助词、叹词对比分析

助词主要附着于词、短语、分句或句子之后，用以表达各种附加的语法意义或情感意义。英语虽有助动词一说，却没有纯粹的助词概念。

汉语中的助词不仅数量众多，分类详细，而且运用相当频繁，是表情达意的重要手段之一。汉语助词有以下几类。

（1）结构助词：的、地、得。
（2）动态助词：着、了、过、的。
（3）比况助词：似的、一般、一样。
（4）语气助词：啊、吗、呢、呀。

汉语语气助词大都源于叹词，只是语气较弱。相对来说，汉语并不过多使用叹词，这大概是由于汉语表现情绪的手段常常是内在而含蓄的，感叹时会倾向于将叹词移到句末而变成语气助词。

叹词在英语中十分活跃，有120个之多，是因为英语表现感情或情感的手段主要是叹词。

（二）英汉助词、叹词翻译

汉语叹词数量及使用频率均不及英语，翻译时大量的语气助词却可以起到补充的作用。某些情况下，汉语原文并未出现叹词，但却明显蕴含了某种语气，翻译叹词既要保留原有形式，又要酌情增加必要的语气助词。

【例】

"你还和我犟嘴啊？"

译文："Well, do you still deny it?"

语气助词具有较强的情感表现功能，用与不用往往会产生截然不同的表达效果，因此译者必须能够准确把握原文语气，滥用也不可取。

【例】

"I have said so, often. It is true. I have never really and truly loved you, and I think I never can." She added mournfully, "Perhaps, of all things, a lie on this thing would do the most good to me now; but I have honor enough left, little as'tis, not to tell that lie. If I did love you I may have the best o'causes for letting you know it. But I don't."

译文一:"我不是对你说过,常常对你说过吗?本来就是这样啊。我从来没真心爱过你,没实意爱过你,我想我永远也不会爱你的。"于是她又伤感地接着说:"也许,事到如今,我撒一句谎,说我爱你,就会于我顶有好处;不过我还得顾点儿脸面哪,别瞧我已经丢够脸了,我就是不能撒这个谎。如果我爱你,那我也许最有理由,应该让你知道,但是我可不爱你呀。"

译文二:"我早就这么说过,说过多次。确实是这样的。我从没真心实意地爱过你,我想我永远也不会爱你。"接着,她又凄怆地说道,"也许,事到如今,我在这件事上撒一句谎,倒会对我极为有利,但是,我尽管已经丢尽了人,可是还得顾点儿脸面,不能撒这个谎。假如我真爱你,那我也许最有理由让你知道,可是我不爱你。"

原文选自哈代的小说《德伯家的苔丝》,文中为主人公苔丝斥责恶少亚历克的一段话。首先,我们知道,亚历克令苔丝恨之入骨,就大背景而言,苔丝说话时自当是咬牙切齿的。再看英文原文使用的词语(never、really、truly、mournfully 等)情感色彩极强,使用的句子多为短句,断断续续表现出说话人气愤不已;最后的长句 If I did love you 之后没有停顿,一气呵成,表现出说话人似乎要将对方一口吞下。苔丝决绝的语气该是明白无误了。在最后一句的翻译上,译文一增添了"吗""啊""呢""呀""的"五个语气助词,加之儿化音的运用,原本杀气腾腾的语气里竟平添了几分留恋。相比而言,译文二显然要略胜一筹,只是由于语言差异及语感方面的问题,原文中刻薄的语气仍未得到应有的渲染。

四、词性转类与翻译

(一)词性转类

在汉语中,词性转类现象十分普遍,例如名词用作动词、名词用作形容词等。因此汉语词性具有一定的灵活性,在不同搭配中,同一词语往往会表现为不同的词性,并由此而获得或被赋予新的意义。词语转类主要存在于名词、动词、形容词、副词之间,而代词、数词、连词等基本不会出现转类现象。

在英语中,能够转类的词基本只有名词、动词、形容词和副词,除此之外,介词中的某些形式也可以直接转变为动词、副词、形容词或名词。而无论用作何种词类,这些词语在句子中的词性都是唯一和确定的。尽管不少汉语介词也可以转类为动词或兼作动词,但由于汉语动词缺少严格的形态标志,所以介词与动词的界限往往是难以划清的。

【例】
在心神最恍惚的时候,他忽然怀疑骆驼是否还在他的背后。

译文：At the height of his confusion, he had suddenly suspected that the camels were no longer behind him.

在汉语原文中，两个形态相同的"在"字，第一个一般被认定为介词，第二个则被视为动词；在英语译文中，后一个"在"转换为相应成分时，介词 behind 则需要与 be 构成完整的主谓结构，同时动词还必须根据时态要求而进行相应的形态变化。

即使不考虑词的形态变化，英语词语转类也比汉语更为灵活。例如，表示身体部位的名词（例如 head、eye、mouth、nose、hand、arm、foot 等）大多数可以直接用作动词，更有甚者，某些不可能转类的词语竟也能临时活用为动词。总之，在英语中，独特的词语转类现象数不胜数，鉴于汉语中无严格的对应形式，翻译时应该根据表达需要进行灵活表述。

（二）词性转类的翻译

【例】

They breakfasted at the guesthouse.

译文：他们在宾馆用了早餐。

上述例子表明，词语转类与活用可以获得生动、简洁的表达效果。此外值得注意的是，汉语词语转类前后不受任何形态制约，英语词语转类后则一般应该根据表达需要进行形态变化。

我们再通过下面这些例子来感受一下词性的转类。

（1）Rockets have found application for the exploration of the universe.

译文：火箭已经用来探索宇宙。

（2）The sight and the sound of jet planes filled me with longing.

译文：看到我们的喷气式飞机，听到隆隆的机声，我感到心驰神往。

（3）The streets are marked by an absence of color.

译文：街上明显缺乏色彩。

（4）I saw that his face was pale. I followed his eyes and looked across the room to a woman who was setting a tray of drinks before some customers.

译文：我见他脸色煞白。我循着他的目光，看到餐厅那边有个女人端着托盘给几位客人上饮料。

（5）After several blocks, he found an empty park bench.

译文：过了几个街区，他发现一条公园里的长凳，空着没人坐。

（6）Independent thinking is an absolute necessity in study.

译文：学习中的独立思考是绝对必要的。

（7）Father passed his hand over his face.

译文：父亲用手摸了摸脸。

第三节 英语词形变化与翻译

一、英语词形变化概述

英语词形变化有两种类型：一是构词法（或称为词语派生法），二是构形法。

构词法是指将前缀、后缀附加于词根而派生出新词，通常情况下，前缀可以改变词义，后缀则改变词性。

【例】

加前缀：unhappy（不高兴的）、autograph（亲笔签名）等。

加后缀：important（重要的）、significant（意义重大的）、useful（有用的）等。

构形法是指表达各种句法关系的词语形态变化。数词除外，英语其他五类实词均不乏形态变化特征，影响形态变化的因素主要包括性（男女、公母、雌雄）、数（单数与复数）、格（主格与宾格、普通格与所有格）、时（现在、将来与过去）等。借助形式本身的可变性，相关词语即可通过规则与不规则变化来体现种种句法关系。

汉语虽无形态变化特征，构句时却可以凭借虚词、词性转类等手段来体现各成分之间的语法关系及语义连贯。

了解并掌握英汉词形变化对于翻译有重要的指导意义。译者要能辨别因为形态变化而引起的意义差异，同时还要依照形态变化规则做出正确的选择。

二、单复数对比与翻译

英语名词的单复数变化可以使词语的概念意义发生转变或扩展。这里我们重点看以下几种情况。

（1）有些英语名词有复数形式或以复数形式表达特定的意义，如 scissors（剪刀）、nippers（镊子）、handcuffs（手铐）、compasses（圆规）等。

（2）有些名词复数形式可以用来表示不同类别或数量众多，例如 teas、fruits、grasses、waters 等。

（3）某些动宾结构中，名词必须运用复数形式，例如 shake hands（握手）、exchange seats（交换位置）、exchange trains（转火车）等。

上述几类现象中，名词复数均有相应规则可以参照，翻译起来也不难。然而有时相关名词的单数与复数选择则必须依照动态的语境来判断，单复数的使用往往会直接影响原文意境或意思（或意义）的再现。

【例】

你站在桥上看风景，
看风景的人在楼上看你。
明月装饰了你的窗子，
你装饰了别人的梦。

译文：

When you watch the scenery from the bridge,
The sightseer watches you from the balcony.
The bright moon adorns your window,
While you adorn another's dream.

原文选自卞之琳的《断章》，属于爱情朦胧诗。读汉语原诗时，我们无须留意"看风景的人"及"别人"究竟是单数还是复数，也无须在形式上加以体现，正是这种模糊的表达营造出诗的韵味与意境。但译成英语时，则必须体现出上述两个名词的单复数。显而易见，"看风景的人"和"别人"均应为单数，因此使用了 sightseer 和 another，如果换为复数形式的 sightseers 和 others，诗文就失去原本的韵味了。

三、时态对比与翻译

（一）英汉时态对比

英语时态表达具有严格的规则，时间概念必须借助动词的形式变化得以实现，以 be 为例，即有 is（am、are）、was（were）、have（has）been、had been 等多种形态，与此相关联的是严谨的时间逻辑关系。

汉语动词本身没有任何时间上的形态变化，或者说汉语中的时间并不是通过动词构形变化来实现的，而主要运用"将""着""过""现在""已经""就要"等词汇来表现。

需要指出的是，很多时候英语动词时态所表达的时间概念（将来、现在、过去）是确切的，而在汉语中，某些表达时间概念的词语有时却会指向不同的时间范畴。

（二）英汉时态基础翻译

英语和汉语在时间概念表述上存在着明显差异：英语是显性的，动词往往需要发生形态变化，汉语尽管有时会借助词汇手段加以标示，但时间概念基本上是隐性的。

【例】

轻轻的我走了,正如我轻轻的来。

译文:Lightly let me leave now. Lightly as first I came.

原文选自徐志摩的《再别康桥》。诗中的"来"字表明诗人可能当时尚未离开剑桥大学,因此"了"字并非指向过去,故而前半句应译作一般现在时,后半句应译为一般过去时。

在英译汉过程中,还要注意一些特殊现象,请看下面的例子。

【例】

Few follow the advice of Isabella Beeton, the guru of British cooks in the 19th century, who declared in her book that "a good meal, if enjoyed and digested, gives the support necessary for the morning's work."

译文:19世纪英国烹饪大师伊莎贝拉·比顿曾在其著述中指出:"细嚼慢咽地享用一顿美餐,整个上午做起事来都会精力充沛。"此番高见现在很少有人领教了。

原文主句、从句中分别运用了一般现在时和一般过去时,在译文中,因为有"19世纪"一语,"曾"字可有可无,但"现在"一词却不可或缺,否则容易引起误解。

（三）时态的修辞功能

除了表达时间概念以外,英语中的某些时态还具有的修辞功能,比如进行时态可用来表现特定的感情色彩,在某些形容词充当表语的句子中,这种现象尤为常见。汉译英过程中,译者也应该具备必要的时间概念转换意识,原文如果有时间指示语,那么一般可以依照语境选择恰当的时态。如果原文缺少时间标记成分,就需要仔细分析时间逻辑关系,选择相应的时态形式。

【例】

何曾不是在屋里的。只因听见天上一声叫唤,出来瞧了瞧,原来是个呆雁。

译文一:I was indoors until I heard a strange bird-cry. When I came out to look, it was only a silly goose.

译文二:I've been in the room all the time. I just this moment went to have a look outside because I heard the sound of something in the sky. It was a gawping goose.

原文选自《红楼梦》,写黛玉"蹬着门槛子"站在风口里,宝钗怪她没有待在屋内,于是便有了黛玉揶揄宝玉的这段话。通过"何曾不是"及"原来"两词可以判断黛玉此时并不在屋里,否则宝钗也就不会怪她了。也就是说,黛玉刚才的确是在屋里,说话的时候却在外面。由此看来,译文一该是恰当的。译文二的首句用了现在完成时,意为黛玉说话时尚在屋内,而接下来却出现了一般过去时（went）,且使用了时间指示语 this moment，在时间上显然有些乱。这说明，即使原文不乏时间指示语，译者的理解及表达也会有所不同。

四、英汉语气对比与翻译

（一）英汉语气对比

英汉词汇表达都有语气一说，两者又有一定的差别。例如，虚拟语气在汉语中一般不直接与动词发生关系，而是借"假如""要……多好啊"等副词或状语，总体上功能较为简单，形式及内容也较为明确，一般只用来表达假设、虚构等意义。但是，在英语中虚拟语气要与动词发生直接关系，可由情态动词加核心谓语动词构成，也可用谓语动词过去式或过去分词直接构成。

（二）英汉翻译中的语气问题

从意义及功能上来看，英语虚拟语气主要借助假设来表示说话人的愿望，或表达与现在、过去相反的事实等。

【例】

我若为王，自然我的妻子就是王后了。

译文：If I were the king, my wife would of course be the queen.（与目前事实相反：我既非为王，妻子亦非王后。）

除了形式以外，汉语有时也可能将虚拟语气隐藏于字里行间。

【例】

言论自由与社会发展的密切关系，在西方国家的历史上，也有许多例证。很显然，如果烧死布鲁诺的神权政治和法律制度依然存在，那么人们今天登上月球、探索太空则是不可能的。（刘海年《言论自由与社会发展》）

译文：The close relationship between free expression and social development is also evidenced by ample examples in the history of western countries. Obviously, if the theocracy and judicial system which burned Bruno were still in existence, there would never have been a possibility for men to walk on the moon and explore space.

原文并没有形式标记，译文却运用了虚拟语气。这是由于汉语往往侧重直接表述，英语则更倾向于间接表达，虚拟语气自然也是一种有效的间接表述手段。

第三章

英语语义学与翻译

内容摘要

语义学是语言学的一个分支，专门研究语言的意义。词汇的意义蕴含着丰富而复杂的民族文化因素。人们在给予各种事物不同名称时，选取符号是任意的，但因为人们的生活环境、风俗习惯、历史背景、心理特征等综合起来的文化意识不同，这些符号在不同的语言中有着不同的内涵。相应地，词义也必然会不尽相同。本章重点从语义的角度分析英汉翻译中对词义的处理。

学习要点

> 英语语义场、语义关系、语义异常等基础理论和现象。
> 英汉语义对比与翻译的技巧。
> 英汉翻译中语义的选择、引申与褒贬。

第一节　英语语义概述

用语义学的理论先来分析英语语义的规律,对于做好翻译具有重要意义。本节我们主要从语义场理论、语义关系和语义异常来进行探讨。

一、语义场理论

语义场是由语义系统中的一组具有一定的共同语义特征的语义单位组成的聚合体。它既可能是在同一位置上可以相互替换的词语的集合,也可能是同一话题下的性质相近的词语。例如,father、mother、brother、sister、uncle、aunt、grandfather、grandmother、grandson、granddaughter、cousin、nephew、son in law、daughter in law 属于同一个语义场 kinship(亲属关系);rose、lily、carnation、lilac、tulip、violet 等构成了语义场 flower(花)。

(一)语义场的特征

1. 系统性

位于同一级语义场的词语语义之间是相互依存的关系,一方的存在是以另一方的存在为前提的。例如,没有 plaintiff-defendant、doctor-patient、parents-children 等词。

语义场的构成受到语言系统、方言、时代等方面的差异和变化的影响。例如,汉语中的"沙发"来自于英语单词 sofa。在汉语中,"沙发"(包括单人的、多人的、坐卧两用的)和"桌子""凳子"等构成一个大的语义场,而在英语中,sofa 却不包括单人沙发。

2. 层次性

通过 wild animal、domestic animal 与 animal 之间的关系可知,对事物、现象的划分可粗可细,划分出来的语义场也可大可小,具有层次性。

最小的语义场可能只有两个词语,例如 parents 里只有 father 与 mother,couple(配偶)里只有 husband 与 wife。小语义场汇集起来就可能构成较大的语义场,例如上述语义场可汇集为 kinship(直系亲属)。而这些较大的语义场同样可以汇集起来构成更大的语义场,例如 kinship 与 cooperative partner 等可以构成 human relationship(人际关系)语义场。

每种语言系统中都有一定数量的较大的语义场。例如 time（时间场）、space（空间场）、object（事物场）、activity（活动场）、quantity（数量场）、relation（关系场）等。而一个较大语义场内的词也可能位于不同的层级上。

例如，在 vehicle（交通工具）这个语义场中，car、ship、plane 等位于同一个层级上，而 train、tanker、helicopter 与它们不在一个语义场层级内，因此不能列在一起。

3. 相对性

语义场的存在是以词语意义为基础的。对一个拥有多个义项的词语而言，其不同的义项会使其分属于不同的语义场。例如，aunt 既可以位于 kinship relationship 的语义场内，表示一种亲属关系，也可以位于 social communication 的语义场内，表示一种社会称谓。

另外，一个较大的语义场通常可以从不同的角度做出不同的划分。例如，亲属语义场可以按性别分成男性亲属和女性亲属，也可以按亲属关系分成父系亲属和母系亲属。由此可见，语义场的划分并非绝对的，而是相对的。

4. 变化性

语义场是词义聚合的系统，而词汇的意义又是在不断变化的，因此语义场也就不可避免地会发生相应的变化。例如，pig 原来既可以指"猪"，又可以指"猪肉"，而现在基本不用其指"猪肉"了。再如，car 原来是指"马拉的车"，现在则可以指电车、汽车等各种各样的车，即其语义场扩大了。

（二）语义场的类型

根据语义场中各语义单位之间的关系，我们还可以将语义场分为三种类型：顺序义场、分类义场和关系义场。

1. 顺序义场

顺序义场是指某个语义场中的语言单位在时间、空间内按一定的顺序排列，或语言单位的语义按照一定的规律递增或递减。例如：

primary school → middle school → university

spring → summer → autumn → winter

Sunday → Monday → Tuesday → Wednesday → Thursday → Friday → Saturday

2. 分类义场

分类义场表示的是同一类的现象、行为、状态、性质等。例如，行为语义场下包括 eat、hit、play、cheat、pull、cry、study 等，物质形态语义场下包括 solid（固态）、liquid（液态)、gas(气态)等。

3. 关系义场

关系义场的存在是因为语义单位之间存在着一定的逻辑、心理、文化、价值等方面的关系。关系义场中的词语之间是相互依存的关系,我们可以借助词语之间的关系由一方来推知另一方。关系义场可以分为同义义场和反义义场,两者都可以按不同的标准分为更细致的类别。

(三)语义场理论对翻译的意义

1. 可以准确地理解一个词的真实意思

在同一个语义场,我们把一个词跟其他的词进行比较,就能更加准确地把握这个词的意思。例如,要弄清楚英语 scream 这个词的准确意思,就可以进行义素分析,将它跟 shriek、shout、growl、whisper、mumble、babble 等进行比较,可以看出,scream 跟 shriek 比较切近,后者只是调门高一倍。我们对下面的句子的翻译就比较有把握了。

【例】

他的歌声淹没在成千上万歌迷尖利的叫喊声中。

译文:His singing was drowned out by thousands of screaming fans.

【例】

当有人在后面卡住这位妇女的喉咙时,她发出一声尖叫。

译文:The woman shrieked as someone grabbed her by the throat from behind.

划定一个词的语义场,还有助于了解其内涵意义,具体来说就是分析下面三个要素:

(1)喊话的对象是谁;

(2)喊话的人是谁;

(3)喊话的语境怎样。

例如,带着以上三个要素,我们分析 whisper 含有"秘密进行"的意思,babble 跟婴儿咿呀学语有联系,或跟神志不清的成年人说话有关系;shout 隐含紧迫感;growl 跟生气或不满的情绪有关。所以,遇到下面的英文时,我们就能很容易理解其内涵,进而在汉语中找到更确切的词语。

【例】

① She was whispering something in his ear so that no one else could hear.

译文:她一直在与他耳语什么,不让他人听到。

② During his fever he babbled without stopping.

译文：发烧期间，他呓语不停。

③ He shouted: "Help! Help!"

译文：他呼喊道："救命啊！救命！"

④ When he came late he growled out an excuse.

译文：他迟到时，牢骚满腹地说出托词。

2. 精确地找到原语和目的语的差异

组成语义场就是说明词与词之间的相互关系，其中最常见的就是包容关系。例如，英语的 horse 就包含了 stallion（公马）和 mare（母马）。也就是说，stallion 和 mare 的词义都包含在 horse 之内，所以 horse 是一个普通词。但是英语只有 cow 和 bull，没有一个包含两者的普通词，这种现象就叫作词汇空缺。英汉两种语言的词汇空缺现象非常普遍。例如，汉语的徒步前行只有两个常用词"走"和"行"，而表示用特定的方式"走"，就靠加其他的词来进行补充。而英语中有很多特定的词来表示走，例如：

stride 大步走

march 齐步走

limp 一瘸一拐地走

amble 漫步

sneak 溜走

parade 挺胸走

stroll 信步而行

stagger 蹒跚

二、语义关系

概括来说，语义关系主要有两种：聚合关系和组合关系。下面就对这两种关系进行详细介绍。

（一）聚合关系

一般来说，常见的语义聚合关系主要有以下几种。

1. 多义关系

多义关系是常用的聚合关系之一，它是一个语言单位中的多项意义的关系。客体是无限的，语言单位是有限的；用有限的语言单位表示无限的客体，就形成语言单位的概括性和多义性。具体来说，英语中的一词多义是指具有两个或两个以上不同意思的单词各词义之间的聚合关系。英语中只有一个意义的单词极少，大部分单词都有多个含义，有的甚至拥有几十、上百个意义。这些具有多种含义的单词就被称为多义词。一般而言，使用频率越高的单词，其词义也越多。

（1）多义词的本义和转义

多义词的本义是最基本、最常用的意义，转义则是由本义派生的意义。一般来说，转义可以分为以下几种，见表3-1。

表3-1 多义词的转义类型

类 型	说 明	举 例
转义为比喻意义	通过本义的比喻用法固定而成	汉语里的"包袱"本意指用布包起来的包，后转义为思想负担 英文里的lion本义为狮子，转义为勇猛的人；web本意为网，转义为周密的布置
转义为引申意义	由本义直接派生而形成	汉语里的"道"本意指可以通往目的地的途径，转义为手段、方法、技巧、规律、措施等
转义为同功能意义	由于功能相同而形成的转义	汉语里"嘴"本意指人的面部器官，后用于指"吞吐之口"的功能，可转义用到"茶壶嘴"等
转义为借代意义	借相应的词代表有关意义而固定下来	He is listening to Mozart. 一句中用作曲家莫扎特的名字来指代其作品，Mozart一词就具有了借代意义

（2）多义词的三种关系

多义词的词义有辐射式、连锁式和结合式三种关系形式，具体内容见表3-2。

表3-2 多义词的词义关系

类 型	说 明	举 例
辐射式	由一个基本意义发展为平行的几个无直接联系的派生意义	"老"的本义是年纪大，派生意义有历时长久（例如老学校）、陈旧（例如老汽车）、原来的（例如老脾气）、经常（例如老堵车）、很（例如老慢）等
连锁式	由本义引申为甲义，再由甲义引申为乙义，这样一环套一环，连锁派生	"关节"本为骨头连接处，引申为"起关键作用的环节"，再进一步引申为"行贿勾通"
结合式	多义词中辐射式与连锁式的结合构成复杂的意义体系	board（木板）包含"木头的""平板"两个义素，如果加上一个义素"有腿"，就派生出一个新义"桌子"，再加上一个功能义素"用来开会"就是"会议桌"

需要注意的是，多义词进入语言环境后语义就会变得单一化。因此，我们在使用语言时，必须根据语言环境认识来分析话语中多义词的含义。例如，在下面各句中，

mouse 为典型的多义词,译成汉语时需要酌情选择不同的搭配形式。

【例】

① Does your cat mouse well?

译文:你的猫很会捉老鼠吗?

② He moused about for money.

译文:他偷偷摸摸地四处找钱。

③ He's a mouse.

译文:他胆小如鼠。

④ I need a new mouse.

译文:我需要一个新鼠标。

2. 反义关系

反义关系是指语义相反的词语之间的关系,具有反义关系的词语被称为反义词。例如,out 和 in、quiet 和 noisy、bad 和 good、up 和 down 等。

反义关系是一种可以进行精确定义的常见的语言现象。根据反义词之间关系的特点,我们可以分出以下几种不同种类的反义关系。

(1)两极反义词

两极反义词是指意义形成对立两极的词语。这种对立是参照性的,有程度差别,两者之间有中间地带,两个词呈现一种逐渐递增或递减的关系。例如,wide-narrow、soft-hard、far-near、rich-poor 等。

此外,作为两极反义词的形容词不仅可以分级,其分类标准还因为不同名词的特征而有所差异。例如,big 在 big mountain 与 big eyes 中的标准是不一样的。

(2)关系反义词

关系反义词就是表示某个对称关系的两个词。关系反义词可以进一步细分为三种类型,见表 3-3。

表 3-3 关系反义词的类型

类　　型	举　　例
人际关系反义	husband 与 wife、father 与 son、doctor 与 patient、parent 与 child、host 与 guest、employer 与 employee
时间、空间反义	former 与 latter、before 与 after、yesterday 与 tomorrow、north of 与 south of、above 与 below、in front of 与 behind
动作的发出、接受反义	buy 与 sell、come 与 go、enter 与 exit、start 与 end、give 与 receive、push 与 pull

通过上面的例子可以看出，每对反义词之间并非"肯定-否定"的对立，而是体现了两个实体之间的反向关系。其语义既对立又相互依存，一方的存在以另一方的存在为前提。

小 贴 士

需要注意的是，关系反义词的比较级涉及的是两个实体间的某种关系，它们的比较级形式之间并非关系反义关系，而是反向反义词关系。

（3）互补反义词

互补反义词中的两者之间没有中间地带，也就是非此即彼。例如，male 和 female、married 和 single、alive 和 dead 等。

需要指出的是，互补反义词也并不是绝对的。有些形容词在程度上有大小之分，但往往对其中一个的否定则意味着对另一个的肯定。例如：

Bill is not honest.（Bill is dishonest.）

Bill is more honest than John.（Bill is honest.）

综上所述，反义词虽然有规律，但是在翻译过程中也要引起注意。有些单词对应两个反义词，一个是对其否定的反义词，另一个是意义与之对立的反义词。例如，free（自由的）一词的反义词既可以是 unfree（不自由的），也可以是 enslaved（受奴役的）。

在实际的使用中，一个单词经常与许多其他词语相搭配，而搭配的词语不同也会造成这个单词对应不同的反义词。例如，old 一词，在 an old house 和 an old man 中的意义不同，自然对应不同的反义词。

有时为了制造出强烈的对比，使所表达的内容给人留下深刻的印象，英语中也经常将两个反义词放在一起使用，构成矛盾修辞。

【例】

living death 虽生犹死

painful pleasure 悲喜交加

a clever fool 聪明的傻瓜

英汉文学作品互译时经常使用反义词的方法来表现事物的对比、变化、复杂、矛盾等。

【例】

① He unzipped the bag, took out a camera and then zipped it again.

译文：他把袋子的拉链拉开，取出照相机，然后又把拉链拉上。

② The picture is rolled up inside the cloth; unroll it and hang it up.

译文：这张画卷在布里，把它展开挂起来。

③ The fish had swum away after he untangled the net.

译文：等他理清渔网时，鱼早已游走了。

④ The inhabitants on the small island had to desalinize the sea water for drinks.

译文：小岛上的居民不得不淡化海水作为饮用水。

3. 同义关系

同义关系是语义相同或相近的词语之间存在的关系，这些词语被称为同义词。同义词有绝对同义词和认知同义词之分。

（1）绝对同义词

绝对同义词在所有语境中都同义，在概念意义和情感意义方面都对等，在语言中占有的数量非常少。一般来说，大多数同义词在中心上相似，但在其他意义上并不相同。

（2）认知同义词

认知同义词是指拥有部分共同语义特征的词，大部分同义词都可以归为认知同义词。其特点是有相同的句法特征。

【例】

He plays the fiddle very well.

He plays the violin very well.

上述两个句子中，fiddle 和 violin 的句法特征相同，两个词只在感情色彩上有差异。

总之，英语中的完全同义词较少，而部分同义词占大多数。这些部分同义词总是在文体风格、感情色彩、语义强度、词义重点、搭配、位置、语境等方面存在一些细微的差异，还有的词语只在某些具体语境中才会具有同义关系，在翻译时要格外注意。

【例】

① The cool autumn wind clarified my mind.

译文：清凉的秋风让我的头脑清醒过来。

② Chilly gusts of wind with a taste of rain in them had well nigh depeopled the streets.

译文：阵阵寒风夹着零星雨点已使街上几乎空无一人了。

③ The cold weather turned the leaves red.

译文：寒冷的天气让树叶变红了。

④ A glacial sun filled the streets, and a high wind filled the air with scraps of paper and frosty dust.

译文：冷冰冰的阳光铺展在街道上，阵阵狂风刮起，纸片和冰霜一样的尘土被吹满了天空。

⑤ Despised the frigid weather in January.

译文：厌恶一月份寒冷的天气。

上面五个句子中的 cool、chilly、cold、frosty、frigid 虽然都表示"冷的"，但"冷"的程度是有所差异的：cool 表示"凉爽的"，程度最轻；chilly 表示"冷飕飕的"，程度次之；cold 是我们最常说的一般的"冷"，程度居中；frosty 表示"霜冻的"，程度较重；frigid 表示"严寒的"，达到冻僵的程度。

4. 上下义关系

一个语义中包含另一个语义的全部义素，我们就说二者处于上下位关系之中，分别称为"上义词"和"下义词"。下义词的义素更多，因此意义更具体。例如，living 一词有 plant 和 animal 两个下义词，plant 和 animal 各自又有多个下义词，见图 3-1。

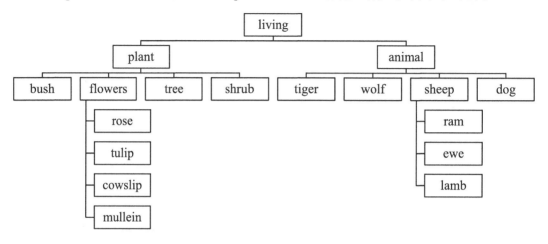

图 3-1 上下义关系词举例

英语词语的上下义关系是相对的，而非绝对的。一个词语可能是某个词语的下义词，同时也可能是另一个词语的上义词。例如，tree 既是 plant 的下义词，同时也是 birch（桦树）、pine（松树）、cypress（柏树）等词的上义词。

小 贴 士

上下义关系中存在文化差异。英语和汉语中均没有一个包括所有职业的上义词，而希腊语中就有这样的词。

5. 同形异义关系

同形异义关系就是英语中或发音相同，或拼写相同，或发音与拼写都相同而意义不同的单词之间的关系,具有这种关系的单词就被称为同形异义词。

同形异义与一词多义看似相同,实则存在本质的区别:同形异义词本质上是不同的词,只是词形相同;而一词多义本质上仍是一个词,只是具有多个语义。判断同形异义词和一词多义最简单的方法就是看该词的各种含义之间是否有联系,若有联系则为一词多义,若无联系则为同形异义词。

【例】

① He has a large deposit in the bank.

译文:他在银行有一大笔存款。

② The town stands on the left bank of the river.

译文:小镇坐落在河岸的左边。

本例第一句中的 bank 意为"银行",而第二句中的 bank 则意为"河岸",这两个意义没有任何联系,属于同形异义词。

(二)组合关系

语义组合关系在语言中十分常见,例如词组、熟语、句子、话语中都有组合关系。

1. 词组的语义搭配

词与词的组合不仅要遵守语法规律,还要在义素上相容。例如,"读书"符合语法要求,语义义素也是兼容的,因为"书"可以"读",但"读笔""吃烟"这样的动宾结构在语法上虽是正确的,却违反了语义组合规律。

按照语义的并置理论,词与词的搭配要与语义的组合规律相符合。超常规的语义搭配是对规范的偏离,具有修辞作用。例如,"He is a walking dictionary."这个句子中,walking dictionary 就是超常规搭配。因为词典不会走路,用在这里比喻人的词汇量大,起修辞作用。

如果超常规搭配出现得比较频繁,就会约定俗成,成为一种转义,这时偏离就变成了常规。例如,"吃"经常和"液体食物"搭配,例如"吃奶、吃药",就具有"喝"的意义;"吃"与"食堂、馆子"搭配,就产生"在出售食物的地方吃饭"的转义等。

2. 熟语的语义搭配

熟语是词的固定组合,内部的语义关系搭配成统一的熟语意义。一般来说,熟语的语义组合有以下几种情况。

(1) 限制意义

词义的搭配能力受到限制,它使词组固定化,成为熟语。例如,make a face(做鬼脸)是熟语,make 与其他身体部位词不能搭配。

（2）历史意义

有些熟语的意义联系十分密切，单个词拆开无意义，往往与历史典故、文学作品等有关。例如，Helen of Troy，它源自因绝世佳人 Helen 而引发的斯巴达国王与特洛伊王子的十年战争，终使特洛伊遭到毁灭的悲剧，由此产生了 Helen of Troy 这个成语，与汉语中的"红颜祸水"一词有着微妙的相似之处。

（3）联系意义

熟语内的词义之间存在一定的联系，不能随意进行拆分。例如，"吃一堑，长一智"，如果两部分拆开，熟语的意义就不存在了。再如，"Let sleeping dog lie."（莫惹是生非）等。

（4）潜在意义

词在熟语中表示的意义对词来说是潜在的，离开熟语就会失去其意义。例如，"靠山吃山，靠水吃水"中，"吃"意义为"谋生"。

3. 句子的语义结构

句义的组合形成句义结构。句义结构中有表述分析法和实义切分法两种分析法。

（1）表述分析法

表述结构包含谓词和谓项，显示出层次性。例如，"She wants to ask him to read the book."这句话的表述结构显示出三个表述谓词和谓项的选择限制，即 want、ask 和 read，需要根据表述进行分析。

（2）实义切分法

实义切分法把句子切分为主题和述题两个表意部分。例如，"我最喜欢的课程是语言学。"这句话中述题"是语言学"，说明主题"我最喜欢的课程"是"什么"。

4. 话语的语义结构

话语指的是语义上有联系、结构上相衔接的连贯表述。例如，"把劳动的欢情，从那小小的笛管里吹出来吧。吹出劳动的欢情，吹出梦和收获的甘美。"这段话语中，"劳动的欢情"不仅是第一个表述的主题，还是第二个表述的主题。重复使用"劳动的欢情"，把两个表述连接起来，同时又达到了强调的效果。

话语中，各种语义相互作用，有利于有效地表达思想。因此，话语分析对语义学以及现代修辞学都发挥着不可或缺的作用。

三、语义异常

语义异常是指由于生造词汇、违反语义搭配限制、违背逻辑等原因此导致的语义不合理。语义异常有以下几种常见情况。

（一）生造词汇

若一个句子的主要词汇是发话人临时编造出来的，这个句子就很难具有明确、实际的意义，理解起来也十分困难。生造词汇常见于一些文学作品中。

【例】

Jabberwocky

Twas billig, and the slithy toves,

Did gyre and gimble in the wabe;

All mimsy were the borogroves,

And the mome raths outgrabe.

上文选自 Lewis Carroll 创作的一首小诗，文中除了 gyre（旋转）以外，其他所有的实义词都是诗人杜撰出来的。但是这些词语的使用却都十分符合语法规则。例如，toves 像是名词 tove 的复数形式；gimble 像是一个动词，与 gyre 一起作 toves 的谓语；borogroves 像是 borogrove 的复数形式，因此它前面的系动词用了复数形式 were 等。正是由于这首小诗看起来合乎语法，引得读者像书中的小 Alice 一样，费劲地去解读其中的含义。

（二）违反语义搭配限制

语义搭配限制是指语义的特征对词汇搭配的限制。违反语义搭配限制可能导致语义上说不通。例如，语言学家乔姆斯基在《句法结构》一书中给出的一个著名的谬句：

Colorless green ideas sleep furiously.

可以明显看出句子主谓宾、单复数都中规中矩，语法严谨，但在语义上，每个词语之间的搭配都是不正确的。

尽管违反语义搭配限制的句子通常是不合理的谬句，但在实际的语言交流中人们往往会尽力去解读其中的信息。更有一部分诗人和作家喜欢通过违背语义搭配限制来创作出一些看似荒诞实则充满想象、意味深长的作品。

【例】

There is a solitude of space

A solitude of sea

A solitude of death, but these

Society shall be

Compared with that profounder site

That polar privacy

A soul admitted to itself——

Finite infinity.

本诗选自 Emily Dickinson 的《There is a solitude of space》，文中包含了大量非常规的表达，例如 a solitude of space, a solitude of sea, a solitude of death, finite infinity 等。这些表达虽然违反了语义搭配限制，但是读者从这些谬句中感受诗里生的孤独和寂寞、死的宿命和无垠。

（三）违背逻辑

如果一个句子与其预设或隐含意义相矛盾，那么句子的意思就可能说不通。

1. 预设异常

如果话语的预设不成立或发话人在话语中公然否定一个预设，那么通常会导致语义异常。例如：

Donald Trump launched widespread reforms in his second term.

本例的预设是唐纳德·特朗普有第二个任期，但事实上他并没有连任，因此该预设不成立，本句语义也就毫无意义了。

2. 违反话语的隐含意义

违反话语的隐含意义是指句子的表达违反了句中某个词语、短语的隐含意思而造成了语义异常。例如，"Does your mother have children?" 这句话中 your mother 具有"你有母亲，你母亲的孩子是你"的隐含意思。而发话人仍然提出这个问题，实在是令人觉得十分奇怪的。

需要指出的是，有时，人们可以有意识地使用一些语义异常的句子来传达某种特别的意思或制造出一种特殊的交际效果，这时，谬句就变成了十分精妙的句子。例如，英国小学生特别喜欢的一首荒诞童谣：

【例】

I went to the pictures tomorrow

I took a front seat at the back

I fell from the pit to the gallery

And broke a front bone in my back

A lady she gave me some chocolate

I ate it and gave it her back

I phoned for a taxi and walked it

And that's why I never came back

本例中存在多个语义不通的句子，但却朗朗上口，天真儿童也非常喜欢这种无厘头搞笑的作品。

第二节 英汉语义对比分析与翻译

由于英语和汉语在文化上的差异，人们在描述客观世界或者表达主观思维的时候，选择的词汇会有所不同。

一、英汉语义对比现象

就语义范围来看，英汉语义之间存在着如下四种现象。

（一）语义对应现象

在英汉两种语言中，意义真正对应的词语为外来语，其中包括三大类型。

1. 纯音译词

这类词非常多，例如肯德基（KFC）、麦当劳（McDonald's）、比基尼（bikini）、席梦思（simmons）、武术（wushu）等，这些词语的转换一般无大问题，译者只需按照约定俗成的音译原则或规范进行翻译即可。需要注意的是，某些音译词同时还可能有意译形式，比如bikini即可译为"三点式泳装"，"武术"也可以译为martial arts等。

2. 音义合成词

音义合成词包括两小类，第一类是音译后添加相关的意义，例如爵士乐（jazz）、桑拿浴（sauna）、保龄球（bowling）等；第二类是将合成词中的前半部分音译，后半部分则意译，例如迷你裙（miniskirt）、迪士尼乐园（Disney Land）、呼啦圈（hula-hoop）、因特网（Internet）等。

3. 直译或意译的外来语

直译的外来语较常见，例如太阳浴（suntan）、超市（supermarket）、肥皂剧（soap opera）、背景音乐（background music）等。意译的外来语有时比音译更容易理解，例如penicillin音译"盘尼西林"，意译"青霉素"；ambassador音译"阿巴萨德"，意译"大使"等。此类形式转换时一般也不会出现问题，译者只需注意译名的规范性及约定俗成方面的问题即可。

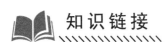

知识链接

翻译中的语义对应问题

关于语义对应问题，这里尚有几点需要译者注意：

第一，港台地区与大陆对上述某些词语的处理往往不尽相同，比如在中国台湾地区，Internet 被译为"网际"，the Beatles 被译成"披头士"等。

第二，某些词语意译时应该注意表达的规范性，比如 bank 可以与其他名词搭配成两类相对稳定的结构，前一类如 investment bank（投资银行）、loan bank（贷款银行）等；后一类包括 data bank（数据库）、information bank（信息库）、blood bank（血库）等。

第三，某些专门术语业已获得一般意义，此类现象尤其见于新闻文体，比如 Teflon（特氟隆；聚四氟乙烯）原为美国杜邦公司生产的润滑剂，而在 a Teflon president（滑头总统）中，该词则发生了转义。

需要指出的是，英汉语属于不同的表意系统，因此词义完全对应现象毕竟是有限的，就大多数词语而言，动态对应才是正常的语义关系。

（二）语义交叉现象

词汇的语义交叉是指一种语言中的某个词语在另一种语言中有两种或多种对应的解释。以 door 和 gate 为例，汉语中只有一个笼统的"门"字与其对应，这样一来，"门"和 door 及 gate 之间即形成了语义交叉现象，译成汉语时，便需要酌情将后者分别表述为房门、屋门、大门、栅栏门等。反过来，将"门"译成英语时，也必须根据所处位置将其分别译为 door 或 gate。

词语交叉现象反映了词语的多义或复义特征。与汉语相比，英语词语的多义性要复杂得多，比如 light 一词，作为形容词，其意义就有多种，见表 3-4。

表 3-4 light 一词的多义现象

意 义	举 例
表示"轻"	light music（轻音乐） light comedy（轻喜剧） light tone（轻声） light cavalry（轻骑兵）

续表

意 义	举 例
表示"轻型的""轻便的""轻巧的"等	light car（轻便汽车） light aircraft（轻型飞机） light truck（轻型卡车） light punishment（轻微的处罚）
表示种种与"轻"相关的意义	light grey（浅灰色） light blue（浅蓝色） light wind（微风） light beer（低度啤酒）

就英译汉而言，译者应该仔细分析 light 一词的具体所指，同时应该注意选择恰当的表达形式再现原文意义。同样，在汉语中，"轻"也具有多义性，因此译成英语时也需要采取灵活的转换方法。"轻"译为英语时应该酌情选择适当的表述形式，例如：

轻快的曲调 lively tune

轻歌曼舞 soft music 或 graceful dances

轻柔的枝条 pliable twig

轻纱 fine gauze

轻伤 slight wound 或 minor wound

轻浮的举止 light conduct 或 frivolous conduct

轻松的工作 light work 或 soft job

轻微的损失 light loss 或 trifling loss

（三）语义冲突现象

语义冲突与概念意义相关，但更多地涉及词语的扩展意义。例如，英语 dragon 一词是指形如鳄鱼，生有狮爪、蛇尾、翅膀及鳞状皮肤，样子异常凶猛可怖的动物，常用来比喻危险的人或事物。这与汉语"龙"的形象及寓意大相径庭。

（四）语义空缺现象

词汇语义空缺是指由于文化和语言的差异，一种语言中某些词在另一种语言中没有对应或契合的词。语义空缺的产生既有自然环境方面的原因，更不乏社会、文化等方面的因素。从客观上看，各地自然环境虽是大同小异，人类认知的方式却具有独特性，见之于语言，这种独特性最为典型地体现于文化负载词的运用上。

1. 英语词在汉语中空缺

英语词在汉语中空缺的现象十分普遍，表 3-5 中是汉语词汇空缺的几个例子。

表 3-5　汉语词汇的空缺

英　语	汉语直译	实际含义
beefcake	牛肉蛋糕	英俊男性健美照
cheesecake	奶酪蛋糕	性感女性健美照
halfway house	中途的房子	康复医院
pink lady	粉红女人	一种鸡尾酒

英语中有一些词汇来自神话、寓言、传说或典故，独特的文化背景必然使其在汉语中无对应的词汇。例如，有一则寓言说，猴子怂恿猫从火中取栗，约定分而食之。猫每取出一颗，猴子便剥开吃掉，最后猫不仅没吃到栗子，还在烈火中灼伤了爪子。因此英语中用"a cat's paw"来比喻"被人利用而自己并无所得的人"。

再比如，相传荷马（Homer）所作的史诗《奥德赛》（*Odyssey*）描述了希腊神话英雄奥德修斯（Odysseus）以"特洛伊木马"攻破特洛伊城后，在海上漂流十年，打败了独眼巨神，并战胜了女巫，经历了种种艰险，最终回到祖国，与妻子团聚。因此，在英语中"Odyssey"一词喻指"磨难重重的旅程"或"艰难的历程"。可见，有时候不了解一些神话或典故就无法真正理解所学语言。

2. 汉语词汇在英语中空缺

当然，汉语中的一些词语在英语中也有空缺现象。例如，粽子、旗袍、观音、少林罗汉、一个中心两个基本点等，这些具有中国特色的词汇在英语中也很难找到相对应的词汇，翻译时一般通过音译来解决。

而有些蕴含了浓厚中国文化的词汇，例如天干地支、阴阳八卦、农历节气、中医等方面的术语译成英语时，音译之外还应该加以注释，以便最大限度地将其中所蕴含的象征或比喻意义传递到英语中。例如，"阴""阳"二字可以分别处理如下：

Yin, the passive, female cosmic principle in Chinese dualistic philosophy.

Yang, the active, masculine cosmic principle in Chinese dualistic philosophy.

二、英汉词汇语义对比与翻译

英汉词汇在长期使用的过程中各自积累了丰富的文化内涵，因此，即便有对应的词汇，在很多方面也有所不同。这里我们将英汉词汇的语义进行简要的对比和分析。

（一）概念意义的不同

概念意义是一个词的基本意义，它是抽象的，与客观事物不发生直接联系。在交际过程中，如果不正确理解词的概念意义进行翻译，就很容易引起误会或冲突。

例如，汉语中"爱人"一词指配偶（丈夫或妻子），与之相对应的英语词汇是"lover"，但这个词在英语中的含义却是"情人"。再比如，英语的"drugstore"一词对应汉语中的"药店"一词，但是美国的 drugstore 除了出售药物以外，还可以出售食物、饮料等。

又比如，英语的星期五是"Friday"，英美国家很多人信奉基督教，而耶稣受难的日子正是星期五，因此"Friday face"就有了"愁眉苦脸"的意思，"Black Friday"就有了"灾难的一天"的含义。而耶稣复活日是星期日，因此"Sunday"会使人想到耶稣复活、做礼拜过节，就有了"神圣、欢乐"等含义。而汉语词汇"星期五"或"星期日"则没有以上意义。

（二）内涵意义的不同

内涵意义是超出概念意义以外的意义，往往与客观事物的本性和特点有联系。在实践中，如果没有理解词的内涵意义，那么往往会造成误会。

例如，"peasant"和"farmer"这两个词的中文解释都是"农民"，但却有不同的含义。peasant 在《美国传统词典》中的定义是"乡下人、庄稼人、乡巴佬""教养不好的人，粗鲁的人"，含有贬义；《新编韦氏大词典》中的解释也是"一般指未受过教育的、社会地位低下的人"，因此翻译时要格外注意。

又比如，"idealism"一词有两个意义，一个是作为哲学术语，意思是"唯心主义"，无褒贬；另一个意义是"理想主义"，可以表示肯定或否定，或兼而有之。汉语中无论是"唯心主义"还是"理想主义"都含有一定的贬义，翻译时要注意。

【例】

She has always been an idealist. So you can understand why she turned down a good job offer to work among refugee immigrants and low-income groups after she got her degree in social studies.

译文：她一向追求自己的理想。因此，可以理解，她得到社会学学位之后，拒绝了一项很不错的工作，却到美国的移民中和低收入的阶层中去工作。

显然，这段话中的"她"是致力于实现自己理想的人，不是一味追求高薪工作、追求金钱或物质享受的人。因此，可以把 idealist 译作"理想主义者"或"追求理想的人"。根据实际情况，也可以说"她"是一个脱离实际的"不现实的人"，因为英语中的 idealist 这个词也有这种含义。

【例】

Wilson's men also spend a good deal of time beating the bush for political and economic information requested by the governments of the new nations.

译文：威尔逊的手下人也花费大量的时间搜集新兴国家政府所需要的政治经济情报。

上例中的 beat the bush 原为打猎用语，意为拍打灌木丛把猎物赶出来，以便猎取，后来又产生了"寻找、搜索、猎取"的含义。

英语中还有一些动物词的文化内涵在汉语中是没有的。例如，oyster 一词对应的汉语词汇是"牡蛎"，但在英语中还指"沉默寡言的人"，这是由于据传最好的牡蛎总是口闭得紧紧的，因此这个词就有了"沉默寡言"这一层引申义。又比如，产于北美洲的河狸活动积极，在啮树筑巢方面有很高的技艺和独创性，因此 beaver 一词有"为讨好上司而做事过于卖力的人"之意，例如 eager beaver（卖力的河狸），常用来喻指"急于做成某事而特别卖力但又有点儿急躁的人"，略带贬义。

（三）词的搭配意义不同

搭配意义主要是指词与词之间的横向组合关系。英汉词汇都有这种现象，不同的简单词汇组合出完全不同的意义。例如，汉语中的"红茶"在英语中应该用"black tea"，汉语中的"浓茶"在英语中则是"strong tea"，英语中的"black coffee"在汉语中则是纯咖啡。汉语中的"雨后春笋"在英语中应该用"spring up like mushrooms（蘑菇）"；汉语的"多如牛毛"应该用"as plentiful as blackberries（黑莓）"。再比如，汉语中的"自由恋爱"意为不受父母包办干涉的自由式恋爱，而英语中的"free love"则指未经合法结婚的自由同居。

可见词语搭配往往是约定俗成的，我们不能把母语的搭配规律生搬硬套到英语学习中去，否则就会出现许多问题。

（四）词的联想意义不同

词义的联想和文化意象差异实际上属于"文化信息"差异，具体反映在词汇的比喻与联想意义和社会文化意义的差异上。由于各民族的自然环境、社会文化背景和风俗习惯不同，所以比喻和联想也各不相同。

例如，许多动物词汇在两种语言中的联想义都有很大差别。例如，英语中的 lion 是百兽之王，是勇敢、凶猛、威严的象征，英国国王 King Richard I 由于勇敢过人，被称为 the Lion heart，后成为"勇士"的别称。而在中国，人们默认的兽王是老虎，用"虎"来表示勇敢、凶猛、威严，例如"虎视眈眈""谈虎色变""虎头蛇尾""狐假虎威""如虎添翼""猛虎下山"等。因此，在英汉词汇互译时，lion 有时需要用"虎"代替。

【例】

play oneself in the lion's mouth　置身虎穴

come in like a lion and go out like a lamb 虎头蛇尾

like a key in a lion's hide 狐假虎威

类似的动物类词汇还有很多。例如，汉语中的"山羊"一词，理应对应"goat"，但英语中 goat 一词的联想意义却是"色鬼"；"健壮如牛"到了英语里就变成了"as strong as a horse"等。

（五）词的社会文化意象不同

语言是社会文化的载体，其丰富的文化内涵和文化负荷传递着无尽的文化信息。一切文化都是独特的，都是不相同的。例如，red 一词无论是在英语国家还是在中国，都与庆祝活动或喜庆日子有关，英语里有 red letter days（节假日）的说法，但是商业英语中的"in the red"却表示"亏损、负债"。另外，英语中的"red"还意味着危险状态或使人生气，如"red flag"（引人生气的事）。

第三节 词义的选择、引申和褒贬

一、词义的选择和引申

（一）词义的选择

英汉两种语言都有一词多类、一词多义的现象。一词多类就是指一个词往往属于几个词类，具有几个不同的意义。一词多义就是说同一个词在同一个词类中，又往往有几个不同的词义。因此，选择和确定原句中关键词的词义是翻译的关键，通常可以从以下两个方面着手。

1. 根据词类确定词义

选择某个词的词义，首先要判明这个词在原句中属于哪一类，然后再进一步确定其词义。例如，在"Like charges repel; unlike charges attract."一句中，like 用作形容词，它对应的汉语意义是"相同的"，因此全句可以译为："相同的电荷相斥，不同的电荷相吸"。但在下面例句中，like 分别属于不同的词类，因此意义也有所区别。

【例】

① He likes mathematics more than physics.

译文：他喜欢数学甚于喜欢物理学。（动词）

② In the sunbeam passing through the window there are fine grains of dust shining like gold.

译文：在射入窗内的阳光里，细微的尘埃像金子一般在闪闪发光。（介词）

③ Like knows like.

译文：英雄识英雄。（名词）

2. 根据上下文确定词义

英语词义灵活多变，语义呈现对语境依赖性较强，英译汉过程中，译者应首先理清上下文关系，而后根据词性及搭配关系来选择或确定词义。

【例】

① Our company suffered loss on loss in business last year.

译文：去年我公司生意上连续亏本。

② He has reported to the police the loss of the technical papers about the new product.

译文：他丢失了新产品技术文件，于是向警方报了案。

上两例中，loss 一词与 suffered、in business 搭配就是"亏损"的意思，与 technical papers 搭配就是"丢失"的意思。

3. 根据场合确定词义

英语中同一个词，同一词类，在不同场合往往也有不同的含义。例如"last"这一形容词，在不同的句子中会出现不同的翻译结果。

【例】

① He is the last man to come.

译文：他是最后来的。

② He is the last man to do it.

译文：他绝对不会干那件事。

③ He is the last person for such a job.

译文：他最不配干这个工作。

④ He should be the last (man) to blame.

译文：怎么也不该怪他。

⑤ He is the last man to consult.

译文：根本不宜找他商量。

⑥ This is the last place where I expected to meet you.

译文：我怎么也没料到会在这个地方见到你。

上述译例表明，语境不同，语义有别，搭配关系之于词义选择的重要性由此可见一斑，在转换过程中，译者应充分意识到上下文对词义选择的制约作用，以免导致理解与表达方面的失误。

（二）词义的引申

英汉互译时，有时会遇到某些词在英语词典上找不到适当的词义，如生搬硬套或逐词死译，会使译文生硬晦涩，不能确切表达原意，甚至造成误解。这时就应根据上下文和逻辑关系，从该词的根本含义出发，进一步加以引申，选择比较恰当的汉语词来表达。具体方法主要有以下两种。

1. 将词义作抽象化的引申

英语中，特别在现代英语中，常常用一个表示具体形象的词来表示一种属性、一个事物或一种概念。翻译这类词时，一般可将其词义作抽象化的引申，译文才能流畅、自然。

【例】

① He managed to make a living with his pen.

译文：他靠写作勉强为生。

② The pen is mightier than the sword.

译文：智慧胜过武力。

③ His pen would prove mightier than his pickax.

译文：后来，事实证明他的写作能力超过了他探矿淘金的本领。

上例三个原句中都有 pen，其本义简单明了。如果翻译时不作引申，恐怕很难译出原文更深层的含义。为此，三个译文都将 pen 一词的本义作了抽象化的引申，其引申义既与 pen 密切关联又具有突出特征，因此译文准确、地道。

我们再来看几个词的抽象化引申的例子。

【例】

The engine has given a constantly good performance.

译文：这台发动机性能一直良好。

performance 本义为"表现，表演"，汉语中通常用于指人的行为，这里引申为"运转"，与 good 搭配来形容机器非常合适。

【例】

Instead, an assassin's bullet erased in the minds of Americans any faults he had.

译文：事实正好相反，一个刺客的暗杀行径反而使美国人忘却了他所有的毛病。

bullet 由"子弹"的本义引申为"暗杀行径"，一是考虑原文上下文历史事实（即美国林肯总统遇刺身亡）；二是直译"……子弹使美国人忘却了他所有的毛病"是不符合汉语的逻辑和表达习惯的。

2. 将词义作具体化的引申

英语中有些词词义比较宽泛、笼统，表抽象概念或一般行为，直译会显得概念过于模糊，让人费解。这类词可以引申为具体的意义或动作，即缩小其外延而丰富其内涵，以确保译文准确到位，符合译语的语义逻辑和表达习惯。

【例】

Dobbin had been in the coffee room for an hour or more. He had tried all the papers but could not read them.

译文：杜宾在咖啡室少说也待了一个钟头。他翻遍了所有的报纸，可什么也没看进去。

本例引自萨克雷的《名利场》（*Vanity Fair*），描写的是一位叫杜宾的绅士向朋友的遗孀求婚前忐忑不安的心情。try 是常用动词，本义是"尝试着做"，这里将其意义具体化，译为"翻遍"，使主人公的动作含义明晰，更符合情境。

【例】

The local press challenged the license of the TV station.

译文：当地的媒体要求吊销那家电视台的营业执照。

句中 challenge 一词常用的义项是"挑战、质询、考验（某人能力）"等，但这些义项都无法译出较通顺的句子。为此将其"质疑（某人或物）的合法性"的词义作具体化的引申，译为"要求吊销"，使句意明确、合理。

【例】

Even when we reduce salt to a fine powder, it still tastes salty.

译文：盐捣成粉末仍是咸的。

reduce 一词的根义为"减少，降低"，在此句中必须由此义出发，结合在特定语境下汉语的日常表达习惯，引申出"捣、碾、磨"等具体、明晰的动作含义，才能使翻译地道。

【例】

At 22, he had first learned what it is to a Negro.

译文：22 岁那年，他第一次了解了黑人的境遇。

原文 what it is 表意笼统、宽泛，翻译时要分析原文的上下文，再结合汉语的表达习惯，将其含义引申为更具体的"体会滋味"或"了解境遇"才能使译文更流畅、自然。

二、词义的褒贬

原文中有些词本身就表示褒贬意义,就应该把褒贬意义相应地表达出来;但也有些词语孤立起来看似乎是中性的,译成汉语时就要根据语境,翻译出褒贬。

(一)褒贬的表达手段

褒与贬是两种反差性极强的语义对立现象。在英语中,褒贬意义的表达手段有如下几种类型。

1. 语义冲突型

这类词主要是描述爱憎、好恶等各种对立情感或情绪的褒贬分明的词语。

【例】

① The tasks carried out by them are praise worthy.

译文:他们进行的事业是值得赞扬的。(褒)

② Henry keeps boasting that he has talked to the President.

译文:亨利总是吹嘘说他曾和总统谈过话。(贬)

2. 褒贬兼蓄型

某些词语兼有褒与贬两种对立的语义,并借助特定的语境来表达或扬或抑的感情倾向。

【例】

But it would be ludicrous today to attempt recounting the merely preliminary atrocities committed by the bombarders of Paris and the fomenters of a slaveholders rebellion protected by foreign invasion.

译文:但是今天要试图一一列举出那些轰击巴黎,在外国侵略者的卵翼下发起奴隶主叛乱的人们的暴行(而这些暴行仅仅是开始),那就太可笑了。

protect 本义是褒义的"保护",这里译成"卵翼",有贬义。

3. 语义变异型

中性词语通常不具备鲜明的感情色彩,语义色彩的产生主要源于特定的语境。

【例】

He was a man of integrity, but unfortunately he had a certain reputation. I believe the reputation was not deserved.

译文:他是一个正直诚实的人,但不幸有某种坏名声。我相信他这个坏名声是不该有的。

reputation 一词对应的中文词是"名誉""名声",虽然中文有褒义,但在英文中,reputation 是个中性词,可以说 to have a good/bad reputation。本例根据上下文的意思,将其译为贬义的"坏名声"。

英汉褒贬语义的转换具有一定的复杂性。以上述第一种类型为例,表面上每一组意义对立的词语语义是确定而清晰的,但在特定语境中,其语义色彩有时也会出现模棱两可的情况;中性词语感情色彩的产生常与特定语境或搭配密切相关。独特的句式也会赋予某一词语不同的语义色彩。

(二)褒贬义的语境

词语褒贬意义的选择与确定往往会受到语境的影响。这里我们就语境对褒贬义转换的制约作用进行分析。

1. 狭义语境

狭义语境即各语言成分之间的上下文关系,主要包括一些临时或稳定的联立或搭配形式,词语在这些搭配中及其通过句、段、篇、章所表现出的完整的语义内容、语义特征等。

【例】

To begin with, not all the English hold fast to Englishness. Some important and influential men carefully train themselves out of it —— politicians, academics, bureaucrats, ambitious financiers and industrialists, can be found among these men —— and a horde of others, shallow and foolish, wander away from it, shruging off their inheritance.

译文:首先,并非所有的英国人都拥有英国人的气质。某些政客、文人、官僚、野心勃勃的金融家及企业家等头面人物均属于此列。他们无不谨小慎微,竭力使自己摆脱这样的气质。另有一批浅薄愚蠢之辈,甚至抱着嗤之以鼻的态度要将这份珍贵的遗产彻底抛弃。

在英语中,politician 并无贬义,ambitious 则兼具褒与贬两种语义色彩,因受话语内容及相关词义的影响与制约,两个词语均具有了贬义的色彩。

2. 广义语境

广义语境主要指与言语活动相关的种种背景因素,如交际场所、交际者身份与态度、交际双方的地位及关系等。

【例】

So these two upper and nether visages confronted each other all day long, the white face looking down on the brown face, and the brown face looking up at the white face, without anything standing between them but the two girls crawling over the surface of the former like flies.

译文：黄土冥冥，苍天茫茫，天与地晨昏相接，苍天俯视着黄土，黄土仰望着苍天，天地间空空荡荡，只有两个姑娘苍蝇般匍匐挣扎于褐黄色土地上。

本例选自哈代的《德伯家的苔丝》一书，文中以悲天悯人的笔触着意突出了两位姑娘于茫茫天地之间艰辛劳作、无能为力的羸弱形象。在原作中，作者对两个姑娘及其他相同命运的人物是极为同情的，因此将 flies 译作"苍蝇"显然有些贬义，有悖于作者意图及感情倾向，将"苍蝇"改为"柔弱的飞虫"等中性词语显然更为恰当。

3. 双重语境

有时语义的感情色彩会受到广义和狭义语境的双重制约。在翻译时应能对原文的语言及非语言环境进行整体把握，通过微观与宏观层面的综合分析，准确理解词语的褒贬色彩。

【例】

Of me, my mother would say, with characteristic restraint, "This bandit. He doesn't even have to open a book —— 'A' in everything, Albert Einstein the Second."

译文：至于我，母亲总是以特有的矜持说："这小鬼头，连书本都不消打开，一门门功课优秀，活脱脱的爱因斯坦。"

上例中的广义语境是说话人与被描述对象为母子关系；狭义语境是行文中充满了褒扬之辞。两重语境共同制约着 bandit 一词的含义，使其失去了原本贬义的色彩，转而带有一点戏谑却不乏亲昵的情感，为此，将其译为"小鬼头"可谓十分贴切。

（三）褒贬义的翻译

1. 按本意再现褒贬

英语中有些词本身就有褒贬意义，汉译时就应相应地表达出来。

【例】

① He was a man of high renown.

译文：他是位有名望的人。（褒）

② His notoriety as a rake did not come until his death.

译文：他作为流氓的恶名是他死后才传开的。（贬）

2. 中立词根据上下文定褒贬

英语中有些词义是中立的，本身不表示褒义或贬义，但在一定的上下文中可能有褒贬的意味，汉译时就应该用具有褒贬意味的相应的词来表达。

(1)译成褒义词

【例】

Then Mr. Tekoah proceeded, after citing many colourful incidents, to refer to my statement to Al-Muharrer.

译文：在列举了许多耸人听闻的事件之后，特科先生进而提到我对《解放者报》的谈话。

上例中 colourful 一词为中性词，要译好这个词，首先应紧紧扣住它的词义，抓住它的特色，结合发言人的态度，同时还要考虑到在联合国这样的外交场合，发言人的话一般都是比较含蓄的，而"耸人听闻"则语气太重。我们从 colourful 这个词的本义"色"来引申一个意思"渲染"，语气上就会缓和一些。因此这里将"耸人听闻"改为"大肆渲染"较佳。

(2)译成贬义词

【例】

In our Second Address on the war, five days after the advent of those men, we told you what they were.

—— The Civil War in France

译文：在这伙人上台五天以后，我们在关于前次战争的第二篇宣言中已经向你们说明他们究竟是些什么货色了。

—— 法兰西内战

选择词义时，还要考虑到词在原文中所含有的政治色彩、褒贬义。此句中，those 本义是"那些"译成"这伙"，what they were 本义是"他们本来是什么样子"译成"他们究竟是些什么货色"或"他们的本来面目"，都是把中性词译成了贬义词。

我们再来看一个例子，体会翻译时词义的褒贬。

【例】

众所周知，书籍教我们学习人生真理、科学以及其他许多有用的东西。它们增加我们的知识，扩大我们的心胸并加强我们的品格。换句话说，它们是我们的良师益友。这是为什么我们的父母总是鼓励我们要多读书的理由。读书是一件好事，但我们必须多加注意书的选择。不错，我们能从好书中获得益处。然而，坏书却对我们有害无益。

译文：As is well known, books teach us to learn life, truth, science and many other useful things. They increase our knowledge, broaden our minds and strengthen our character. In other words, they are our good teachers and wise friends. This is the reason why our parents always encourage us to read more books. Reading is a good thing, but we must pay great attention to the choice of books. It is true that we can derive benefits from good books. However, bad books will do us more harm than good.

第四章

英语句法学与翻译

　　句法学主要研究的是句子中词与词之间的构成及相应的句法规则。由于使用英语和汉语的国家有着不同的语言习惯和文化背景,在句法方面也有着很多差异。本章先从英语的句法学理论入手,以便读者增强英语学习的系统性和整体性,形成清晰的条理;再深入分析两种语言转换时应注意的翻译技巧。

学习要点

- ➢ 英语句法关系和句法功能。
- ➢ 英语短语、分词和句子的基本知识。
- ➢ 英汉主语、谓语、句型和修饰语的对比与翻译。
- ➢ 英汉句式的互译。

第一节　英语句法学概述

英语句法学经过长时间的研究与发展，形成了丰富的内容和众多的理论研究分支，在微观语言学中占据越来越重要的地位。这里我们将其中最有利于翻译的句法学理论作简要叙述。

一、句法关系

句法关系是句法学研究的重要内容之一，具体分为位置关系、替代关系和同现关系三种类型。

（一）位置关系

位置关系（或词序）是指语言中的词的排列顺序。如果句子中的词没有按照语言常规的要求以固定的词序进行排列，那么产生的句子就会显得不合语法，或没有意义。

【例】

① The boy kicked the ball.

② The ball kicked the boy.

③ Boy the ball kicked the.

上例②句子中词的位置关系不对，句子就没有意义；例③中词的位置关系不对，就是不合语法的。

（二）替代关系

替代关系主要包含以下两层含义。

1. 可以替代某一语言单位的句法现象

例如，"The man/girl/boy smiles."一句中 The man、The girl、The boy 可以相互替代作为本句的主语。

2. 语法上可以共同替代某一词语的词语集合

例如，"He went there yesterday/the day before yesterday/last week."一句中，表示时间的副词短语有多个，它们可以互相替代。这些可以互相替代的词语可以构成一个集合。

（三）同现关系

同现关系是指词汇在语篇中共同出现的倾向性，而词汇的搭配，也称作词汇的共现。如名词短语前面可以有一个限定词和一个或多个形容词（前置词），后面跟一个动词短语。举例说明下面三句话的同现关系，其分析见表4-1。

表4-1 同现关系举例

例　句	前置词	名　词	动词短语
An old lady smiles a lot.	An old	lady	smiles a lot
The tallest man loses his wallet.	The tallest	man	loses his wallet
A pretty girl sings very well.	A pretty	girl	sings very well

了解英语的句法关系，能够帮助我们更好地理解英语句子中各词语之间的关系，进而在翻译时能够更加准确。

二、句法功能

句法功能是指一个单词、一个词组或一个从句在句子中作某个成分，常见的有：主语、宾语、谓语（谓词）、修饰语、补语等。

（一）主语

句子中叙述的主体就是句子的主语，可以由名词、动名词、代词、数词、名词化的形容词、不定式和主语从句等来承担。

在英语中，句子的主语往往被说成是动作的实施者，而宾语则是动作实施者施加动作的人或物。例如，"A dog bit Tom." "Mary slapped Jim."中主语分别是 A dog 和 Mary，宾语分别是 Tom 和 Jim。但是，也有一些特殊情况。在被动语态中，动作的承受者也可作为句子的主语。例如，"Tom was bitten by a dog." 一句中，Tom 是被咬的人，但因位于谓语动词之前，故被称为"语法主语"。这句话中原来作宾语的名词短语处于动词前（主语位置），现在作介词宾语（by a dog）的核心主语（a dog）则被称为"逻辑主语"。因此，在语义上，句子的核心主语仍然承担主语的一般职能，即实施动作。

知识链接

主语的另一种解释

主语的传统定义是"句子所谈论的内容"。换句话说，主语即话题。例如：
John is a very crafty fellow.

不过，这个定义并非适用于所有句子。例如：

① （Jack is pretty reliable, but）John I don't trust.

② As for John, I wouldn't take his promises very seriously.

这两个句子看起来似乎都是关于 John 的，可以说其话题也是 John。但是实际上 John 在这两个句子中却不是主语，是①中的宾语，而②中则既不是主语也不是宾语。由此可见，话题是语法主语的说法也并不确切。

总之，我们不能认为句子的主语就是动作实施者或话题，不同的语言有自身的特点。在英语中，主语的特点主要有以下几个方面。

1. 有特殊的形式

当主语是人称代词时，I、she、he、we、they 的形式是独有的，不能在其他位置使用。例如，可以说"I love him."或"He loves me."但不能说"I love he."或"He loves I."

2. 陈述句中的位置

在英语陈述句中，主语通常出现在动词前面。

【例】

He went to school yesterday.

We keep in touch with each other by writing letters.

Well, his words sound reasonable.

3. 与动词的关系

在一般现在时中，如果第三人称主语是单数，那么动词要用特殊的形式。但是，宾语以及句中其他成分的数与人称则对动词形式没有任何影响。

【例】

She likes singing.

They take after this old grandmother by turns.

4. 问句中的位置

如果主语被疑问词（如 who 或 what）替换，则句子的其余部分仍保持不变；而如果句子的其他成分被疑问词替换，那么主语前面必然要出现情态动词。如果基本句中没有情态动词，那么应该在紧靠疑问词后插入 did 或 do。例如，对于"Tom stole Mrs. Smith's picture from the British Council."这句话不同部分的提问：

①对主语提问：Who stole Mrs. Smith's picture from the British Council?
②对宾语提问：What did Tom steal from the British Council?
③对状语提问：Where did Tom steal Mrs. Smith's picture from?

5. 反义疑问句

反义疑问句是用来为一项陈述寻求认证的。它总是含有一个回指主语而非其他任何成分的代词。例如：

Mary loves you, doesn't she?
You love Mary, don't you?
John loves Mary, doesn't she?

在以上三个例子中，第一句和第二句的附加疑问都含有回指主语的代词，都是正确的，但是第三句则是错误的。因为第三句的代词并非回指主语，而是回指其他成分。

（二）谓语

谓语或谓语部分里主要的词必须用动词，一般表达与主语有关的动作、过程和状态，如"做什么""是什么""怎么样"等。谓语和主语在人称和数两方面必须保持一致，位置一般在主语之后。

【例】

The boy is running.
Peter broke the glass.
Jane must be mad!

在以上三个例子中，谓语部分分别表示了主语的过程、动作、状态。在英语中，一共有以下五种类型的谓语，见表 4-2。

表 4-2　谓语的类型

构成缩写	说　　明	例　　句
IV	包含一个不及物动词	He came. My daughter cried.

续表

构成缩写	说 明	例 句
TV+O	包含一个及物动词及其宾语	John likes me. His aunt wrote letters.
DV+IO+DO	包含一个双宾动词、一个间接宾语和一个直接宾语	I bought John sugar. We teach him Chinese.
LV +C	包含一个系动词及主语补语	She is a teacher. He looks happy.
FV+O+C	包含一个宾补动词、宾语及宾语补语	They made him king. He left the house dirty.

小 贴 士

由于谓语包括了动词、宾语、补语等成分，所以很多人认为在语法分析中用一个术语（即动词）来表达谓语是不合逻辑的，因此，建议用"谓词"来指谓语中的动词。

（三）宾语

宾语是很难定义的术语。由于传统上将主语定义为动作的实施者，则宾语被定义为动作的接受者或目标。一般认为，宾语是动作的对象或承受者，常位于谓语之后，说明主语"做什么"。宾语可由名词、动名词、代词、数词、名词化的形容词、不定式及宾语从句等来充当。例如：

She is playing the piano now.（名词作宾语）

He often helps me.（代词作宾语）

He likes to sleep in the open air.（不定式作宾语）

We enjoy living in China.（动名词作宾语）

宾语可以进一步分为直接宾语和间接宾语。例如，"Mother gave my sister a doll."一句中，a doll 是直接宾语，而 my sister 则是间接宾语。

需要注意的是，有些句子中尽管包含名词性短语，但由于它们不能够转换为被动式，因此它们绝不是宾语。例如：

The match lasted three hours.（three hours 不是宾语）

He died last week.（last week 不是宾语）

（四）修饰语

修饰语是修饰句中其他成分的词、短语或子句（有时也称限定词或限定语），其修饰情况主要有以下三类。

1. 名词或代名词的修饰语

名词、形容词、形容词子句、分词等都可以作名词或代名词的修饰语。

【例】

① He went to the bus station.

译文：他去了公交车站。（名词 bus 是名词 station 的修饰语）

② I have a lovely dog.

译文：我有一只可爱的狗。（形容词 lovely 是名词 dog 的修饰语）

③ He was the man who taught me English.

译文：他是教我英语的那个人。（形容词子句 who taught me English 是名词 man 的修饰语）

④ The running man is my brother.

译文：正在跑的人是我的兄弟。（现在分词 running 是名词 man 的修饰语）

2. 形容词、动词或副词的修饰语

副词、副词子句、不定词等都可以作形容词、动词或副词的修饰语。

【例】

① His English is very good.

译文：他的英语很好。（副词 very 作形容词 good 的修饰语）

② He runs quite fast.

译文：他跑得很快。（副词 quite 作副词 fast 的修饰语）

③ The sun rises in the morning.

译文：太阳在早上升起。（in the morning 作动词 rises 的修饰语）

④ I am glad to meet you.

译文：我很高兴见到你。（to meet you 是形容词 glad 的修饰语）

⑤ I haven't heard from him since he went to Taiwan.

译文：从他去台湾地区后我便没有收到他的来信。（副词子句 since he went to Taiwan 是 haven't heard from him 的修饰语）

3. 子句或句子的修饰语

副词可以作子句或句子的修饰语。

【例】

① My father beat me only because I was late for school.

译文：我的父亲只因为我上学迟到了而打我。（副词 only 作副词子句 because I was late for school 的修饰语）

② Evidently, he did not tell the truth.

译文：很明显他没有讲实话。（副词 Evidently 作句子 he did not tell the truth 的修饰语）

（五）补语

补语是起补充说明作用，其作用对象是主语和宾语，具有鲜明的定语性描写或限制性功能，在句法上是不可或缺的。英语中的补语有主语补语和宾语补语两种。

1. 主语的补语

主语的补语用于补足主语，用在系动词后，是句子的一个基本成分。

【例】

I saw her with them, at least, I thought it was her.

译文：我看到她和他们在一起，至少我认为是她。

上例中第一个 her 作宾语，them 作介词宾语，第二个 her 作主语补语。

2. 宾语的补语

宾语的补语是指置于宾语之后补充说明宾语，是最常见的补语形式。名词、动名词、形容词、副词、不定式、现在分词、过去分词都可以在句子中作宾补。

【例】

① Our father will not allow us to play in the street.

译文：我们的父亲不让我们在街上玩耍。（to play in the street 不定式作宾补）

② I think your brother a clever boy.

译文：我认为你哥是个聪明人。（a clever boy 名词作宾补）

③ What you said made Xiao Wang angry.

译文：你说的话让小王很生气。（angry 形容词作宾补）

④ Please call the students back at once.

译文：请马上让学生们回来。（at once 副词作宾补）

⑤ We hear him singing in the hall.

译文：我们听到他在礼堂唱歌。（singing 现在分词作宾补）

⑥ He saw his face reflected in the water.

译文：他看到他的脸映在水中。（reflected 过去分词作宾补）

知识链接

词类与功能之间的关系

词类和功能密切相关，但并非对应关系。一个词类可以具备几种功能。例如，名词或名词性短语可以充当句子的主语、宾语、修饰语、状语及补语。例如：

① The boys are playing football.（名词短语 The boys 和名词 football 分别充当句子的主语、宾语）

② the Summer Palace（名词 Summer 充当修饰语）

③ He came here last month.（名词短语 last month 是状语）

④ He changed trains at Fengtai.（名词 trains 充当句子的补语）

同理，一种功能也可以用几种词类来完成。例如，句子的主语可以由名词、代词、数词、不定式等来充当。例如：

① The dog is barking.

② We will stay here.

③ Only two thirds of the population here are workers.

④ To run fast can be dangerous.

上面四句话的主语分别是名词短语（The dog）、代词（We）、数词（two thirds）和不定式（To run fast）。

三、短语、分句和句子

短语、分句是组成句子的重要部分，对整体句子含义影响深远。下面对这三个部分进行分析。

（一）短语

短语一般是指由一个或多个词构成的单一成分结构，没有主谓结构，其在结构等级中位于分句和词之间。短语一般围绕一个中心词展开，中心词在短语中起句法作用，并被其他词修饰。

短语也可分为多种类型。根据中心词词性的不同可以将英语短语分为名词短语、限定动词短语、形容词短语、副词短语和介词短语。

1. 名词短语

名词短语一般以名词为中心，可以作句子的主语、宾语、补语等成分。例如：

① Jack has become <u>a teacher.</u>（主语补语）

② They missed <u>the start of the movie.</u>（宾语）

③ <u>This math problem</u> is very important.（主语）

2. 动词短语

这里的动词短语是指动词在句中不能单独作谓语，不受主语的人称和数的限制的短语，包括动词不定式、动名词和分词三种形式。

【例】

① He likes <u>to play</u> football.（不定式）

② They like <u>singing song.</u>（动名词）

③ They have <u>known each other</u> for many years.（分词）

3. 形容词短语

形容词短语往往在句子中作定语或者补语，其中心词为形容词。例如：

① This is a question <u>too difficult to answer.</u>（后置定语）

② The police found the safe <u>empty.</u>（宾语补语）

4. 副词短语

副词短语是指以副词为中心的词组。副词短语可以修饰很多成分，如句子、介词短语、动词短语等。例如：

① The situation was <u>extremely</u> delicate then.（修饰形容词）

② <u>Luckily</u>, he was in when I called.（修饰全句）

5. 介词短语

介词短语一般由介词和介词宾语构成，在句中可以作定语、状语、补语等。例如：

① The cat <u>under the table</u> is one of my uncle's.（定语）

② <u>In spite of the handicap</u>, the girl did well at school.（状语）

（二）分句

分句一般由一个或者一个以上的短语构成，包括一个主谓结构。根据分句的不同用法可以将其分为独立分句和非独立分句。

1. 独立分句

独立分句可以单独使用，其本身可以构成一个简单句的分句。独立分句可以分为三类：简单句、并列句中的分句以及复合句中的主句。例如：

① Mary liked dancing.（简单句）

② <u>Mary liked dancing</u> but I liked singing.（是并列句中的独立分句）

③ Mary liked dancing when she was young.（Mary liked dancing 表示的是复合句中主句的独立分句）

2. 非独立分句

顾名思义，非独立分句不可以作为独立成分使用，只能从属于其他分句。非独立分句就是通常意义上所说的从属分句，即从句，一般分为名词性从句、定语从句和状语从句。例如：

① I'm glad that <u>you are satisfied with your job.</u>（名词性从句）

② This is the book <u>which interests me.</u>（定语从句）

③ I often attended a concert <u>because I liked singing.</u>（状语从句）

（三）句子

从传统上来看，句子是语言中可以表达思想的最小单位。句子具有述语性的特征，其主要表达方式是语调。

> 句子的述语性是指句子的语义内容与主客观之间的关系。因为语义具有概括性，句子的语义须与客观现实和言语环境联系起来才能具体化，从而使句子成为表述单位。

在不同的语言中，述语性可以通过不同的语法手段（如词序、辅助词、附加成分等）进行表达。而语调是所有语言述语性所必需的表达手段。语言中词的组合通过语调手段具有述语性之后，就从潜在的句子转化为现实的句子。主谓词组加上语调后就成为句子，一些词组或单词有了述语性后都可成为句子，如"Let's go!""Come in!""Wonderful!"等。

句子可以根据不同的标准进行分类。下面我们对句子进行更详细的分析。

1. 按句子的词类成分分类

以词类为基础，可以将句子分为五种基本类型。

（1）名词词组+不及物动词。例如，Tom fell.

（2）名词词组+系动词+补语。例如，Jane is pretty.

（3）名词词组+及物动词+名词词组。例如，Mary runs a company.

（4）名词词组+及物动词+名词词组+名词词组。例如，Anne gave Lily a present.

（5）There+存在性动词+名词词组。例如，There is a ball.

2. 按句中词汇的语法功能分类

根据句子各组成成分的语法功能，句子可分为五种类型，见表4-3。

表4-3 按句中词汇的语法功能分类

类 型	说 明	例 句
SV型	主语+谓语动词	The girls dance. Fish swim.
SVC/SVP型	主语+谓语动词+补语 （主系表结构）	John is tall. He is rich.
SVO型	主语+谓语动词+宾语	The students are playing a game. The wind searched the streets.
SVOC型	主语+谓语动词+宾语+补语	The teacher has made Michael an excellent student. He made me do it.
SVOO型	主语+谓语动词+宾语+宾语	Echo's mother passed her a new book. He gave me a gift.

3. 按句子的结构分类

从结构的简单或复杂来看，可以将句子分为简单句和非简单句，如图4-1所示。

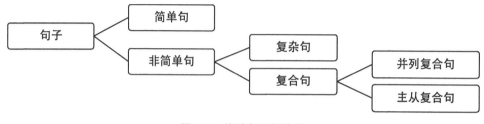

图4-1 传统句子划分法

简单句和复杂句前文均有介绍，这里主要分析复合句。复合句是指有两个以上述语性的句子，可分为并列复合句和主从复合句。

（1）并列复合句的几个分句地位相同，没有主次之分。例如：

He could neither read nor write.

Tom was not there but his brother was.

He is strict and yet（he is）kind-hearted.

（2）主从复合句的几个分句有依赖关系，可以分为主句和从句。从句依赖于主句，说明主句，如主语、表语、宾语、定语、同位语等。例如：

I'd like a room whose window looks out over the sea.

Where did you get the idea that I could not come?

This book is just what I have been looking for.

4. 按句子的语气分类

按照思想表达的方式以及目的的不同，可以将句子分为陈述句、疑问句、祈使句和感叹句四种类型，见表4-4。

表4-4 按句子的语气分类

类 型	说 明	例 句
陈述句	一般用于对某一事实的陈述	The best sauce in the world is hunger. The sun rises in the east and sets in the west.
疑问句	主要用于提出问题	Why did you reject the offer of help from the young man?
祈使句	一般用于表达一些命令或者提出要求	Please close the door. Don't drop cigarette cash on the carpet.
感叹句	一般用于强烈的感情变化	How beautiful it is! What a pity you can't come with us!

第二节 英汉句法对比与翻译

英汉互译中将原句式各部分生搬硬套，容易造成句法不通，译者有必要了解英汉句法的差异，通过实例对比，逐渐掌握汉英转换的规律与技巧。

一、主语的对比与翻译

（一）英汉主语的对比

在按词汇语法以功能进行分类的五种英语基本句型中，句子成分均按照一定顺序排列，一旦各成分之间发生移位，就会产生倒装等非常规表达现象。而汉语基本句式排列顺序较灵活，通常情况下，成分移位对意义及表达效果的影响并不明显。

英语是主语突出的语言，一般主语均位于句首，某些成分（如谓语、宾语等）前置会直接形成修辞效果较强的倒装结构，其他成分（如状语等）提前有时也会改变整个句子的意义。此外，从性质上来看，英语主语多由代词、名词或相当于名词的成分充当，虚词以及由虚词构成的词组或短语均不可作为句子主语。

比较而言，汉语则属于话题（或主题）突出的语言，一句话整体侧重的通常不是真正的主语，而是处于主位的话题（或主题）。汉语话题（或主题）有别于英语主语，可由各类词或词组充当。英汉主语、话题的对比例子，见表4-5。

表4-5 英汉主语、话题的对比举例

汉语（加点的词是句子的话题或主题）	英语（句首为主语）
小偷抓住了。	A thief was caught.
警察抓住了小偷。	The police caught a thief.
昨晚抓住了小偷。	A thief was caught last night.
公共汽车上抓住了小偷。	A thief was caught on the bus.
很快就抓住了小偷。	The thief was caught soon.

由表4-5可以看出，汉语话题（或主题）与英语主语往往是不对应的，翻译时须进行适当的化解或转化。某些情况下，汉语话题（或主题）不一定或无法转换为英语主语，同理，英语主语也不一定能够或必须译为汉语话题（或主题）。

（二）英汉主语的互译

1. 英译汉时主语的转换

英译汉过程中，主语转换主要涉及两种情况。

（1）英语中偶尔也会出现话题突出的句子，此类现象基本上可以直接转换，但也不排除其他可能的选择形式。

【例】

Of the girl's sensations they remained a little in doubt.

译文一：姑娘的心思他们一时还无法断定。

译文二：他们一时还无法断定姑娘的心思。

（2）原文如为常规主谓结构，翻译时既可根据汉语行文习惯选择话题突出结构，也可尝试选择其他表述形式。

【例】

I'll make my own decision in marriage.

译文一：婚姻的事我自己做主。

译文二：婚姻上我要自己做主。

译文三：我的婚姻我做主。

需要注意的是，突出话题虽然更符合汉语的表达习惯，但也不是所有的英语句子都需要或能够转换成汉语话题突出句。

【例】

You don't grow the grain you eat and you don't make the clothes you wear.

译文一：你吃的粮食不是你自己种的，你穿的衣服也不是你自己做的。

译文二：地你不种粮要吃，布你不织衣要穿。

译文三：你不种地要吃粮，你不织布要穿衣。

在上例中，译文三的表达效果显然更胜一筹。

2. 汉译英时主语的转换

在汉译英过程中，鉴于话题与主语之间的差异性，原有话题往往无法直接转换为英语主语，而需要为句子寻找新的主语，并将原有话题转换成其他成分。

【例】

端午节吃粽子。（话题：端午节）

译文：People eat rice dumplings on the Dragon Boat Festival.（主语：People）

这唯一的海是什么，而且什么时候它才可以流到这海里，就没有人能够确定地知道了。（话题：海）

译文：No one knows for sure what that only sea is and when the torrent is going to empty into it.（主语：No one）

最后还需要指出的是，汉译英时，话题与主语之间的转换也具有一定的灵活性，有时原文话题可能只有一个，在不违背原文意义及汉语表达习惯的前提下，译文主语可以有多种选择。

【例】

千里之堤，溃于蚁穴。

译文一：One ant hole may cause the collapse of a big dike.

译文二：A big dike may collapse because of one ant hole.

译文三：The collapse of a big dike may be caused by one ant hole.

由此可见，英语译文所选的主语不同，译文形式也会有所差异。

二、谓语的对比与翻译

（一）英汉谓语对比

英语谓语动词的典型特征之一是构形变化，即动词在不同时态、语态或语气下的形态变化。在实际应用中，依照不同时间及动词相应的构形变化，所演化出的句式可多达十余种，而假如把语态、语气等考虑在内，英语动词在构形及构句上更是错综复杂。汉语动词没有词形变化，只与"着""了""过"等搭配构成时态上的差异。

除构形变化外，英语谓语动词还有及物与不及物之分，这一点与汉语有相通之处。及物动词语义上不能自给自足，无法表达完整的意义，必须与动作对象进行关联，其后面必须接宾语才可构成有效的搭配，如 give、watch 等；不及物动词本身即可以表达相对完整的意思，可单独同主语及其他成分发生关联，而无须或不能直接同动作对象发生关系，故此后接名词或代词时需要借助介词的中介作用，如 come、arrive 等。

（二）英汉谓语的互译

英语中某些动词可兼具及物和不及物动词的特征。例如，wash 除作不及物动词表示"洗漱"外，还可用作及物动词，表示"洗"的意义，因此在下例中的两种译文均可视为正确的表达。

【例】

她饭前洗手。

译文一：She washes before the dinner.

译文二：She washes her hands before the dinner.

再如 become 一词，既可用作不及物动词，意指"变得""变为"等，也可用作及物动词，意为"成为""适合于""相称"，此外还可与 of 搭配表示"发生"等意义。

【例】

Everyone hopes to become more knowledgeable.

译文：人人都想变得更有学识。

The dress becomes you very well.

译文：这件衣服你穿了很合适。

What has become of you recently?

译文：你近况如何？

知识链接

谓语动词与句型的关系

及物与不及物动词又可细化为四种，每种动词与其他成分构成英语中的基本句型，见表4-6。

表4-6 谓语动词与句型的关系

谓语动词	说明	例句	句型
完全不及物动词	本身具有完整意义，可与主语独立构句	She comes. He arrived.	SV
连系动词	本身不具有完整意义，必须后接其他成分（简略回答除外）才能与主语搭配成句，主要包括 be、become、turn 等	He is brave. He becomes brave.	SVP
完全及物动词	本身不具有完整意义，必须后接宾语，如此才能表达完整的意义	She has caught a devil of a cold.	SVO
	本身不具有完整意义，需要后接双宾语，其中前者称间接宾语，后者为直接宾语	She bought him a book.	SVOO
不完全及物动词	后接宾语意义仍不完善，必须添加其他成分才能表达完整意义，如 make、render 等	The news rendered her speechless.	SVOC

三、句型的对比与翻译

（一）英汉五种基本句型的对比

从传统语法角度来看，英汉基本句型的构成既有相似之处，也有明显差异。

1. SV 句型对比

在 SV 结构中，英汉构句基本一致，所不同的是，英语动词在数、时态等方面有形态变化，形式严谨，数与时间等概念清晰明了；汉语动词则没有形态变化，一般借助词汇手段（如"过""了"等）表达相应的语法意义，语法表述手段相对灵活，但语义往往不甚明晰。例如,"Winter is coming."一句通过时态和词形明确表达了语义;而汉语"冬天来了。"一句,则可以理解为"已经来了""正在来的路上"等语义。

2. SVP 句型对比

在 SVP 结构中,汉语虽无系动词概念,但 be 的意义往往可以借助"是"得以表达。而 become 等词语,汉语中也可找到对应的表述形式,所不同的是,在英语中,be、become 等是句子不可或缺的成分,体现了英语句子结构的完整性与严密性。而在汉语中,"是"字常常可以省略,句子会更简洁或更符合汉语行文习惯。例如,英文句子"He is tall."转换为汉语后可以说"他很高。",省略"是"。

3. SVO 句型对比

SVO 结构可看作句型 SV 的扩展形式,但大多数情况下,谓语通常为及物动词。需要注意的是,此类句型中的某些英语句子会将宾语前置,即为典型的倒装结构,语气上更强。而在汉语中,宾语前置一般没有明显修辞色彩,如"我肯定知道这一点"与"这一点我肯定知道"强调效果主要见于"肯定"一词,而不在于宾语的位置。此外,出于对汉语的语言节奏和习惯的考虑,有时会将某些宾语置于句首,如"我肯定是知道这的"读起来并不通顺,应该说"这我肯定是知道的"。

4. SVOO 句型对比

就 SVOO 结构来看,英语与汉语中均有大量可以接复合宾语的动词,这类动词一般表示交接、授予、奖罚、告诉、致使等方面的意义。关于此类句型,英汉语往往有不同的结构分析方法。例如,"Would you please tell her to go on a business next week?"一句中,"to go on a business"一般被视为由动词不定式充当的直接宾语,而"你告诉她下周去出差好吗?"一句则既可认定为双宾语结构,也可界定为汉语特有的兼语式。汉语双宾语现象远比英语复杂,结构上差异不大的句子,译成英语则需要选择不同的句式,见表 4-7。

表 4-7 英汉 SVOO 句型对比

汉语例句	英语译文
我给了他三个苹果。	I have given him three apples.
我吃了他三个苹果。	I have eaten his three apples.(正确) I have eaten three apples of his.(正确) I have eaten him three apples.(错误)

5. SVOC 句型对比

在 SVOC 结构中,英语与汉语也有很多差异。汉语中虽然有类似宾补结构的表达形式（如"我称他为老师"），但并不普遍。通常情况下，汉语多以兼语、动宾等形式对应英语宾补结构。例如"Hugo calls life a crystal mirror."一句无论译为"雨果说人生是一面镜子"，还是译作"雨果称人生为一面镜子"，形式上均属于兼语式，当然也可以译成"雨果将人生称为一面镜子"。

（二）英汉句型翻译的特殊情况

实际应用中，所有的英语句子都是通过上述五种基本句型进行扩展、组合、省略、倒装而产生的。因此了解英汉基本句型的差异后，再进行翻译就容易得多。

【例】

① Thomas Percy's works have been a feeding place for poets, so have been Charles Lamb's for prose writers.

译文：托马斯·珀西的作品哺育了很多诗人，而查尔斯·兰姆的著作则培育了众多散文家。（SV 句型拓展、组合、省略及倒装形式）

② Never was night so still; never was a sky so deeply blue; nor stars so bright and serene.

译文：夜晚从未曾如此静谧，天空从未曾如此湛蓝，繁星也从未曾如此灿烂与安宁。（SVP 结构扩展、组合、倒装及省略形式）

③ Not until Marilyn Monroe have we been treated to such a luscious, exciting example of womanhood.

译文：直到玛丽莲·梦露问世，我们才真正领略了那令人魂牵梦绕的女性妖媚。（SVO 结构扩展与倒装句式）

④ Never will forgive him anything and everything.

译文：他所做的一切我永远不会原谅的。（SVOO 结构扩展及倒装句式）

⑤ Such products, of course, the intelligent customers will find it a pleasure to choose.

译文：这种产品用户自然是乐意选购的。（SVOP 结构扩展与倒装句式）

综上所述，在基本句型构成方面，英汉既有类似之处，又不乏差异。翻译中要注意英语形态变化对意义构建或逻辑推理的重要作用。

四、修饰语的对比与翻译

了解英汉语修饰或限定方面的异同之处，对翻译具有不可小觑的意义。

（一）英汉修饰语的对比与翻译

英语修饰语成分有后置和前置两种现象。例如，英语定语短语及从句均须后置；

语言学与英语翻译

单词定语虽然多为前置，但有时也后置，前置或后置偶尔会引起意义上的变化，如 the involved problems 是指"复杂的问题"，而 the problems involved 是指"涉及的问题"。又如，英语状语修饰从句通常后置，有时可位于主句之前；状语性短语和位置较为灵活，但一般也以后置居多。单词状语位置最为灵便，前置后置均可，但有可能引起意义的变化。例如，"He didn't die happily."意思是"他死得很惨"，而"Happily he didn't die."的意思却是"他幸免于难"。总之，就英语中修饰语的位置来看，除单词定语及状语外，限定成分后置现象更为常见。

汉语限定成分一般都要前置，或直接放在被修饰成分之前（诗歌语言等除外）。通常情况下，汉语不宜过多使用前置修饰语，否则句子会显得臃肿，不符合汉语习惯。

1. 修饰语英译汉

英译汉过程中，译者应具备较强的语言差异意识及转换意识，酌情调整原有修饰语位置及限定关系，并根据汉语行文习惯重新安排译文句式。

【例】

There is a story told of an ancient dandy in London who, taking, one sunny afternoon, his accustomed stroll down Bond Street, met an acquaintance hurrying in the direction of Westminster.

译文一：有一个故事讲到一位在一个晴朗的下午同往常一样去邦德大街散步的古代伦敦的花花公子碰到了一个急急忙忙奔向西敏寺的熟人的故事。

译文二：有这样一个故事，讲的是一位在一个晴朗的下午同往常一样去邦德大街散步的古代伦敦的花花公子，碰到了一个急急忙忙奔向西敏寺的熟人。

译文三：有这样一则故事，讲的是古代伦敦一位花花公子，在一个晴朗的午后，正与往常一样沿邦德大街散步时，遇到一个熟人匆忙朝西敏寺方向奔去。

本例原文句子主干极短，story 之后均为定语修饰语，翻译时要将复杂的后置限定结构重新调整。译文一将所有后置成分全部译为汉语前置定语，译文臃肿不堪；译文二调整不甚得体，句式也不大符合汉语的表达习惯；译文三将原文限定成分——化解并分而治之，以汉语特有的词组与小句堆叠结构进行组句，将原文意义较为得体地表达了出来。

2. 修饰语汉译英

汉译英过程中，译者应首先能够识别原文中具有限定作用的句子成分，而后酌情将其转化为短语、从句等英语后置定语。

【例】

说的是古代有一位老人，住在华北，名叫北山愚公。

译文一: It tells of an old man who lived in northern China long, long ago and was known as the Foolish Old Man of North Mountain.

译文二: It tells of an old man living in northern China long, long ago and known as the Foolish Old Man of North Mountain.

从词语的功能上分析，原文后两个小句对"老人"一词具有限定作用，其深层意义当为"说的是古代有一位住在华北、名叫北山愚公的老人"，鉴于此，译文一将"住在华北，名叫北山愚公"处理为后置定语可谓得当；而译文二将从句简化为后置短语定语，也是可以的。

（二）多枝共干修饰关系的翻译

多枝共干是指某一个单词、短语或从句同时修饰两个或两个以上的并列成分。反之，两个或两个以上的并列成分也可以同时修饰一个词语或短语。当然，汉语中也有类似的表达形式，但在具体的句子中却并不能一一对应。因此，在翻译此类句子时，应依照语境酌情处理。例如，"These documents are detailed with names, dates, places and full descriptions of the incidents investigated." 一句中，由于介词短语 of the incidents investigated 同时限定四个名词或名词短语，译作"这些文件详细载明了姓名、日期、地点和所调查事件的全部经过。"即出现了理解及表达失误，正确的译法显然应为"这些文件详细载明了所调查事件中的姓名、日期、地点及全部经过。"

我们再来看两个例子。

【例】

① Few people even knew of the existence of this painting until it was shown at an exhibition in 1937 and bought shortly afterwards by the museum.

译文一: 在1937年该画展展出以前，甚至没有多少人知道有这幅画，而且不久以后就被博物馆收购了。

译文二: 该画于1937年画展上展出，不久又被博物馆收购，而此前很少有人知道世上竟还有这样一幅画。（状语从句中的两个并列成分同时对主句进行限定）

② It will be seen that the processes above involve a change in either the magnitude or the direction of the velocity of the body.

译文一: 我们将会看到，上述诸过程不是涉及大小的变化，就是涉及物体速度方向的变化。

译文二: 我们将会看到，上述诸过程不是涉及物体速度大小的变化，就是涉及物体速度方向的变化。（of the velocity of the body 同时修饰 the magnitude 和 the direction）

第三节 英汉句式的互译

英汉语言博大精深，句式的表现方式包罗万象，我们很难用句法学的理论总结出放之四海而皆准的翻译技巧，这里仅就一些特殊的句式归纳一些方法，希望对读者有所启发。

一、特殊主语句翻译

英语句子强调结构的完整性并注重突出句子主干，尤其在表达复杂内容时，更是倾向于开门见山，先以完整的主谓结构呈现话语主轴，而后借助各种衔接手段搭建起严密的时间与空间逻辑框架。相比而言，汉语不强调主谓结构的完整性，往往可以省略主语或根本不需要主语。这里我们针对汉语无主语的句子归纳一些翻译的技巧。

（一）无主语句翻译

无主语句又称绝对句，通常由非名词性短语加上特定语调构成，属于结构不完整的非主谓句。此类句型可能根本不存在主语，或者隐含了某个主语。从功能上来看，这种形式常用于描述动作、变化等，因此从性质上来看，无主句与主语省略句不尽相同。英译汉时，译者可以有意识地将汉语无主语的表达特点运用于某些句式的转换中。

【例】

One must admit that a good deal of discontent is reflected in those statistics.

译文：必须承认，这些统计数据反映了很多不满情绪。

英文原句动作主体为泛指，译文将主语进行了模糊处理。如果将原文主语换成we、people等词语，选择完整的主谓结构来翻译（我们必须承认、人们必须承认）也是可以的，但不够简练。

【例】

Hidden underground is a wealth of minerals.

译文一：地下蕴藏着丰富的矿物质。

译文二：地下矿藏丰富。

原文运用了倒装结构，形式严谨，成分完整，而动作主体则处于隐匿状态，处理这样的句式，译者可尝试进行三种选择：首选是译成无主句或非主谓句，如上述两种译文;其次是把动作对象确定为主语,将其译成"丰富的矿产埋藏于地下";最后可试图将隐匿的主语显性化,就本例而言,则基本上难以做到,因为译者无从得知真正的动作主体。

上述译例表明,英汉转换过程中,不少以泛指人称代词充当主语的句子及被动结构均不妨译为汉语无主句。反过来,汉译英过程中,不少无主句也可以酌情转换成英语泛指人称主语句或被动结构。

1. 译为泛指人称代词主语句

将汉语无主句译成英语,可以增添 we、one、you 等用于泛指的人称代词主语。

【例】

①反对一切形式的霸权主义和强权政治。

译文:We oppose hegemonism and power politics of all forms.

②倘听到沙沙的风轮声,仰头便能看见一个淡黑色的蟹风筝或嫩蓝色的蜈蚣风筝。

译文:Whirring of wind wheels and looked up, you would see a darkish crab kite or one resem-bling a centipede of limpid blue.

无主句转换过程中,主语选择有时是明确或确定的,比如例①译文主语即不可随便用 you、one 等形式替代,而例②中也不宜将 you 换成 we 等词语,否则会影响表达效果。

然而不少情况下,主语选择也不乏一定的灵活性,比如下列两例中,译文虽然主语不同,但都是可以的。

【例】

①沉默呵,沉默!不在沉默中爆发,就在沉默中灭亡。

译文一:Silence, silence! Unless we burst out, we shall perish in this silence!

译文二:Silence, silence! Unless you burst out, you will perish in this silence!

译文三:Silence, silence! Unless one burst out, he will perish in this silence!

②活到老,学到老。

译文一:It is never too late for one to learn.

译文二:One is never too old to learn.

2. 译为被动结构

在英语被动结构中,动作主体往往处于隐匿状态,这种行文特征正好与汉语无主句相吻合,因此汉译英时也可酌情将某些无主句转换为被动结构。

【例】

①一连上了好几道菜。

译文: Several courses were served in succession.

②继续改善居民住房条件。

译文: Housing conditions should be continuously improved.

3. 在泛指与被动之间

不少情况下，汉语无主句英译还可在泛指与被动句式之间进行选择。

【例】

优先发展科技教育。

译文一: We will give priority to the development of science, technology and education.

译文二: Priority will be given to the development of science, technology and education.

4. 译为其他句式

无主句英译也可选择某些特定的句型或句式。

【例】

①为建设一个现代化的社会主义强国而努力奋斗。

译文: Strive to build a modern, powerful socialist country!（祈使句）

②没有顺利，无所谓困难；没有困难，也就无所谓顺利。

译文: Without facility, there would be no difficulty; without difficulty, there would also be no facility.（there be 结构）

此外，表示天气、时间、距离、情况等意义时，无主句英译时还可以由 it 充当主语，例如，表 4-8 中列出了几个典型的 it 作主语的翻译。

表 4-8　it 作主语

汉语例句	英语译文
下雪了。	It's snowing.
大约 500 英里。	It's about 500 miles away.
九点了。	It's 9 o'clock.
真是太荒谬了。	It's ridiculous.

（二）主语省略句翻译

主语省略句是指某些承前或启后省去主语的小句或分句，这类句子虽然没有主语，却有主题或话题。英语句子除祈使句、省略句等特殊结构外，都有主语和完整的句子主干。汉译英过程中，译者必须了解两种语言主语运用方面的差异性，严格按照英语构句规则恰当安排省略主语的小句或分句。这里我们通过对古诗《寻隐者不遇》的两个英译版本所做的分析来进行说明。

【例】

> 松下问童子，
> 言师采药去。
> 只在此山中，
> 云深不知处。

译文一：

> Beneath the pines look I for the recluse.
> His page replies: "Gathering herbs my master's away.
> You'll find him nowhere, as close are the clouds,
> Though he must be on the hill, I dare say."

译文二：

> I meet your boy neath a pine tree.
> "My master's gone for herbs," says he,
> "Amid the hills I know not where,
> For clouds have veiled them here and there."

原诗未出现一个主语，关于谁在"问"、谁在"言"、谁在"此山中"、谁"不知处"均无明确交代，但我们仍能从字里行间寻找到问题的答案："问"者是诗人，"言"者是童子，师在"此山中"，童子"不知处"。汉语省略主语并不影响阅读，但译成英语必须将主语一一还原。在两种译文中，每行诗均无一例外地增补了相应的主语，体现了英语句子结构上的完整性，只是译者所采用的叙事视角有所区别，以"不知处"一语为例，译文一运用了第二人称，译文二则使用了第一人称，根据原诗内容，两种选择都应该可以接受。

汉译英过程中，当主语省略与主语频繁变换交替出现时，译者更需要了解两种语言构句上的差异性，首先理清原文逻辑关系，仔细分析深层语义结构，并根据英语构句规则重新安排原文信息结构。

【例】

菜市、米店我都去过，臂上抱了很多东西，感到非常愿意抱这些东西，手冻得很痛，觉得这是应该，对于手一点也不感到可惜，本来手就应该给我服务，好像冻掉了也不可惜。走在一家包子铺门前，又买了十个包子，看一看自己带着这些东西，很骄傲，心血时时激动，至于手冻得怎样痛，一点也不可惜。

译文：I visited the food market and the grain shop without being tired of carrying an armful of purchases. My hands ached with cold, but that was as it should be and I felt no pity for them. It was their bounden duty to wait on me ——even at the cost of suffering frostbite. I also bought ten steamed stuffed buns at pastry shop. I was proud of my shopping. Again and again also I felt so thrilled that I completely forgot all the pain in my frostbitten hands.

本例原文句式疏放铺排，洒脱自如，主语一再省略且频繁更换，动词又以并列形式连续出现，其深层逻辑结构与英语大不相同，翻译时必须进行适当调整。

【例】

却说那黛玉听见贾政叫了宝玉去了，一日不回来，心中也替他忧虑。至晚饭后，闻得宝玉来了，心里要找他问问是怎么样了。一步步行来，见宝钗进宝玉的院内去了，自己也便随后走了来。刚到了沁芳桥，只见各色水禽尽都在池中浴水，也认不出名色来，但见一个个文彩闪灼，好看异常，因此站住，看了一回。再往怡红院来，门已关了，黛玉即便叩门。

译文: Daiyu too had been worried on Baoyu's behalf when she heard that he had not come back all day after being sent for by his father. After dinner she learned of his return and decided to find out from him what had happened. As she strolled over she saw Baochai going into Happy Red Court before her. But noticing some unusually beautiful water-fowl of various species unknown to her splashing about in the pool by Seeping Fragrance Bridge, she stopped for a while to admire their brilliant colors. By the time she reached Happy Red Court the gate was closed and she was obliged to knock.

本例原文由五个完整的句子构成，其主语均为黛玉，转换时应注意断句及主语增补，此外"贾政叫了宝玉去了""一日不回""好看异常""门已关了"等部分出现了新的主语，翻译时需注意适当处理。

【例】

黛玉将手一摔道："谁和你拉拉扯扯的！一天大似一天，还这么涎皮赖脸的，连个理也不知道。"

译文一: "Take your hands off me!" She pulled away. "You're not a child any more, yet you still carry on in this shameless way. Can't you behave yourself?"

译文二: Daiyu flung off his hand, "Take your hands off me! We are not children any more. You really can't go on mauling me about like this all the time. Don't you understand anything?"

主语省略往往会导致照应上的模糊性，这种模糊性有时并不一定会成为翻译中的障碍，但却有可能促成主语选择的多样性。上例中，"一天大似一天"译作"You're not a child any more"和"We're not children any more"都是可以的。

总之，主语省略句是汉语中的常规表达手段，也不妨说从一个方面体现了汉语的行文优势。就翻译而言,译者应详细分析各成分之间的逻辑关系,按照译入语构句规则对主语省略现象进行恰当的处理。我们再根据下例来说明翻译主语省略句时的方法。

(三) 无生命主语句翻译

无生命主语是指当主语不是人、动物或植物时,翻译时不能全部使用 it, 在具体的语境中,可以有多种处理方式,使翻译更地道。

1. 转换为有生命主语

把无生命主语转换成有生命主语,必要时可切分句子,将主语分译成分句。

【例】

① The word "expect" always crept into Dad's stories.

译文:爸爸讲故事时,总要不经意地说出"期望"这个词。

② My total ignorance of the connection must plead my apology.

译文:恕我孤陋寡闻,对此关系一无所知。

2. 转换为具体事物的主语

把无生命主语转换成具体事物的主语,或是保留原主语,并同时改变与之搭配的谓语动词,必要时须切分句子,将主语分译成分句或者单句,或是调整整个句子的语序。

【例】

① The past decade saw much great progress in our society.

译文:我国社会在过去十年里取得了很大的进步。

② My arms and legs go to sleep.

译文:我的手脚麻木了。

③ The door refuses to close.

译文:门关不上。

④ The thought of returning to his native land never deserted him amid his tribulation.

译文:在苦难中重返故园的念头始终在他心头萦绕。

3. 转换为状语

把无生命主语转换成汉语的状语,一般也需要拆分句子,将无主语的部分作为状语。

【例】

① Investigation led us to the foregoing conclusion.

译文:经过调查,我们得出了上述结论。

② The arrest of the flood-waters saved many homes.

译文：将洪水拦住后，许多家庭得救了。

③ Dawn met him well along the way. It was a pleasant uneventful ride.

译文：东方欲晓的时候，他已走了一大段路了，这次骑马旅行很愉快，没有碰到意外事件。

4. 转换成复句

把无生命主语转换成汉语复句，需要弄清句子各成分之间的关系，避免理解错误。

【例】

① Losing his fortune drove him mad.

译文：他因失去自己的财产而发疯。

② Her illness prevented her from attending the conference on linguistics.

译文：她因病没有参加语言学术会议。

5. 转换成无主语句

把无生命主语句转换成汉语的无主语句比较容易，只需要充分理解原文的意思，再用符合汉语习惯的语言表达出来即可。

【例】

① The heat makes me sweat like a pig.

译文：热得我大汗淋漓。

② This medicine will make you feel better.

译文：吃了药你就会舒服些。

二、从句翻译

从句主要可以归纳为三大类型：形容词性从句、副词性从句和名词性从句。在英语中，从句的使用是十分普遍的现象，从句往往会使句子具有相当的长度。

在汉译英的过程中，由于受到汉语短句结构的影响，英语句式常常也表现出简短、松散的特征。这就需要译者从结构上进行调整，化零为整，使用从句使译文符合英语的特征。

（一）形容词性从句

形容词性从句一般是指定语从句，其包括限制性定语从句和非限制性定语从句两大类。前者对所修饰的先行项起限制作用，在意义上与先行项密不可分（中间无逗号）；后者不是先行项的必不可少的组成部分，仅是对先行项作些描写或补充说明（中间有逗号）。两种类型的定语从句译成汉语时的方法大致有以下几种。

1. 定语词组前置法

这种方法一般用于将比较简单的英语定语从句翻译为汉语。这是因为汉语多使用简单的前置修饰语，很少使用很长的定语从句。翻译时可以将英语关系词省去，在被修饰项之前加"的"字，从而将复合句译成汉语单句。当然，有时为了句子简便也可不加"的"字。

【例】

① I have but one lamp by which my feet are guided.

译文：我只有一盏指路明灯。

② As I came in, Mike, who owned the taxi that used to stand at the corner of our street, waved to me from a table.

译文：我进去时，那个开出租汽车的麦克坐在一张桌子那里向我招手，他的车子经常就停在我们街角上。

2. 并列分句后置法

如果从句结构复杂，译成汉语前置定语显得太长而不符合汉语表达习惯时，往往可以译成后置的并列分句。

【例】

① The lungs are subjected to several diseases which are treatable by surgery.

译文：肺易受几种疾病的侵袭，但均可经手术治疗。

② Carrie reached home in high good spirits, which she could scarcely conceal.

译文：凯丽兴高采烈地回到家，想掩饰也掩饰不住。

这两句话的译文通过省略英语的先行项，达到语句通顺的目的。有时，还可以通过重复英语的先行项，使句子的意思连贯和清楚。

【例】

At dinner I found myself placed between Mrs. Bradly and a shy girl who seemed even younger than the other.

译文：晚餐席间，我发现自己坐在布拉得雷太太和一个腼腆的女孩子中间，她看上去比其他人都年轻。

3. 视为状语从句法

有时，一个定语从句无论采用定语词组前置法或并列分句后置法都不能得到满意的译文。例如，"He insisted on building another house which he had no use for."一句按上述两种方法译成"他坚持再建一座他不用的房子。"或"他坚持再建一座房，这房他不用。"语义上都说不通。正确的译文是"他虽自己不用，但仍坚持再建一座房。"

这是因为英语定语从句（尤其是非限制性定语从句）有时兼有状语从句的职能，可以表示时间、条件、原因、让步、目的、结果等关系。因此可将定语从句视为状语从句来翻译。

【例】

① I think it will grow even on non-irrigated land <u>where there is a forest belt.</u>

译文：我想即使在没有灌溉的土地上，<u>只要有一条树林带</u>，它还是会生长的。（表条件）

② In a personal sense, I think of my eldest daughter, <u>whose birthday is today.</u>

译文：就个人来讲，我想到我的大女儿，<u>因为今天是她的生日</u>。（表原因）

③ Copper, <u>which is used so widely for carrying electricity,</u> offers very little resistance.

译文：铜的电阻很小，<u>因此被广泛用于输电</u>。（表结果）

④ These actions, <u>which have aroused universal and unreserved disapproval,</u> must nevertheless give us a pause.

译文：这些行动，<u>虽已激起普遍而毫不掩饰的反对</u>，却也使我们举棋不定。（表让步）

4. 融合法译为独立句

这种方法就是把原主句的主语同定语从句融合在一起而译成独立句的方法。

【例】

He paid that peculiar deference to women <u>which every member of the sex appreciates.</u>

译文：他对女性的殷勤<u>令每个女人赏识</u>。

这里将"He paid that peculiar deference to women"压缩译为"他对女性的殷勤"作独立句的主语，而定语从句"which every member of the sex appreciates"译为谓语"令每个女人赏识"。再看下面的例子。

【例】

① There is a girl downstairs <u>who wants to see you.</u>

译文：楼下有位小姑娘（或位小女孩）<u>要见你</u>。

② What were the hopes and dreams <u>that had made of them the incredibly stubborn warriors?</u>

译文：是什么希望、什么理想<u>使他们成为无比顽强的战士</u>呢？

③ There are many people <u>who are interested in the new invention.</u>

译文：很多人<u>对这项发明感兴趣</u>。

5. 复合宾语

当主句的谓语动词表示"感观"或"心理活动"等意义时，修饰宾语的定语从句多译为复合宾语。

【例】

① I also found on the ground near the tracks of the lamed groups of ants <u>which were pulling grains of corn.</u>

译文：我还看见骆驼的脚印边有许多的蚂蚁<u>在拖玉米粒</u>。

② He did not find any one in the house <u>who particularly cared to see.</u>

译文：他认为家里没有人<u>特别想知道的</u>。

总之，以上定语从句的翻译形式是英译汉的主要"框架结构"，并非全部"标准答案"。在具体的翻译实践中，我们要视不同情况选用不同的形式或作灵活变通处理。

而汉译英时，则需要反过来，先提炼句子主干，再分析从句的位置，用符合英语习惯的语序表达出来。请通过下列两例进行体会。

【例】

①收获时节，外地的卡车"呼隆隆"开到公路边，一篓一篓地往上装豆角、菜椒、西红柿，夜以继日，蔚为壮观，连交警都派出警力巡逻，维护交通。

译文：In the harvest season, trucks from other places rumble to the roadside where basket after basket of beans, green peppers and tomatoes get loaded. This will go on for many days and nights so busily that traffic policemen are assigned there to help with traffic control.

②至于一京矮胖的身材、坦平的鼻子，他都认为无关紧要，重要的是她有一双明亮的大眼，一阵阵爽快的笑声。这些就好似透着一份自信心，能驱除他心底里文人自扰的忧郁感。

译文：He had no problem with Yijing having a short, heavy figure and a flat nose; he was drawn to the confidence suggested in her big sparkling eyes and her exhilarating laughter, which could rid him of the melancholy deep down in his scholarly heart.

（二）副词性从句

副词性从句也就是状语从句，包括时间状语从句、条件状语从句、结果状语从句、目的状语从句、原因状语从句、让步状语从句、地点状语从句、方式状语从句等。翻译这类从句，可以按原文顺序将状语从句放在主句后面进行翻译。但是，按照汉语的行文习惯，通常遵循先因后果、先条件后结果、先目的后做法的逻辑顺序，所以有时需要将从句提前。

另外，when、while、before、until、where、if 等在意义上看起来是表示时间、地点、条件等，但在很多情况下并不尽然。因此，翻译时需要根据具体情况处理关系词的意义。这里我们就前四种状语从句的翻译举一些例子，请读者仔细体会。

语言学与英语翻译

1. 时间状语从句的译法

【例】

① All her life she had wanted to teach at Wellesley College. So <u>when the position was open in the Art History Department,</u> she pursued it single-mindedly until she was hired.

译文：在韦尔斯利学院执教是她一生的梦想，所以<u>当她知道艺术史系需要一名教师时</u>，她一心一意地争取这个职位，后来终于被录用了。

② Something must be simple <u>before it can be learned, grasped, and put into wider use.</u>

译文：<u>简单才能学习、掌握和运用</u>。

③ I have heard a lot about the Guangzhou Higher Education Mega Center <u>when I visited some of the local universities on my current trip.</u>

译文：我这次访问广州，<u>在参观几所本地大学的时候</u>听到了许多关于广州大学城的情况。

④在这个世界上，有许多很不一般的事，<u>也都要等到午夜十一点半以后发生</u>。好像这是人类约定俗成的一个特别时间，充满了神秘与诡诈的色彩。据一些国外的专家讲，午夜十一点半以后的时间，确实是一个很不稳定、情趣和危险共存的时间。<u>那时劫匪会变得猖狂，情人会变得胆大，走夜路的人本能地感到紧张</u>。

译文: In this world, a lot of unusual events don't happen <u>until after eleven thirty at night,</u> as if it was a commonly accepted special time that invites mystery and quirkiness. According to some overseas experts, eleven thirty at night is the start of an unstable period <u>when excitement and danger coexist, such as when robbers are rampant, lovers become aggressive, and walkers instinctively start to feel nervous.</u>

2. 结果状语从句的译法

【例】

① The Yellow River at Ji'nan is wide and turbulent in summer. With years of precipitation and depositing of silt, its bed has risen higher and higher so that <u>its average water level is about 10 meters above the surrounding ground.</u>

译文：济南地段的黄河，夏天河面宽，水流急，泥沙沉淀淤积，河床逐年加高，<u>水位高于地面十余米</u>。

②这大楼在外边看着只是显高并不太大，一追进来，于富贵才觉得里边四通八达、地方很大。由于还没有完全建好，<u>到处都是通道</u>，好多房间与房间之间的墙还没有砌，连在一起就像迷宫一样。

译文: From the outside, the building looked tall but not so big. Once inside, Yu Fugui realized how big it was with the space extending in all directions. The construction was still incomplete, and the walls between some of the rooms hadn't been built, so that <u>there were passages everywhere which gave the whole building the look of a maze.</u>

3. 目的状语从句的译法

【例】

① She refused to let herself drift off to sleep, for fear that <u>she would lost the opportunity to be rescued.</u>

译文：她坚持着不让自己睡着，睡着了恐怕<u>就没有获救的机会了</u>。

②我此去生死未卜，不忍害了你，拿纸笔来，<u>我写张休书给你</u>。

译文：I don't know whether I'll come back alive, and I don't want to ruin your life. Give me a piece of paper and a pen so that <u>I can write the divorce letter.</u>

4. 原因状语从句的译法

【例】

① <u>Because we are both prepared to proceed on the basis of equality and neutral respect,</u> we meet at a moment when we can make peaceful cooperation a reality.

译文：<u>由于我们双方都愿本着平等和相互尊重的原则</u>，这次会晤能够使和平成为现实。

②一开始，我们村的人没把这些传言当回事，<u>鱼嘛，顶多翻翻浪，翻不了天</u>。后来随着传言不断升级，我们村的人就有些坐不住。

译文：At first none of the fellows in our village took the rumor seriously as they believed that <u>a fish which was capable of making a few waves could never make the sky fall.</u> Then as the stories became more and more terrifying, the villagers got somewhat restless.

③过去临睡觉之前，小林有看书看报的习惯，动不动还爬起来记笔记。<u>现在一天家务处理完，两个眼皮早在打架</u>，于是这一切过程都省略了。能早睡就早睡，第二天清早还要起床排队买豆腐。

译文：Xiao Lin used to do some reading before he was ready to fall asleep; sometimes he would even get up to make some notes. He could no longer do this <u>as he could hardly keep his eyes open after completing all the household chores.</u> He needed to go to sleep as early as possible so that he could get up early in the morning to get in line for tofu.

5. 让步状语从句的译法

【例】

① Thanks to all of you. <u>Whether you have travelled from the UK, from China or from</u>

other places.

译文:感谢你们,来自英国、中国或其他地区的朋友们。

② Though it was over a century later that Kodak set up imaging product and equipment manufacturing operations in Shantou, Xiamen, Wuxi, and Shanghai. We have already gained rich experience here in promoting localized management while moving toward globalization.

译文:虽然在一个多世纪以后,柯达才在汕头、厦门、无锡和上海设立制造影像产品和设备的工厂,但在推动本土管理走向全球化方面积累了丰富的经验。

(三)名词性从句

名词性从句就是在整个句子中起名词作用的从句,包括主语从句、宾语从句、表语从句和同位语从句。翻译这类句子时,根据从句与主句的长短,以及相互之间联系的紧密程度,可以将从句译为句子的成分或者处理为与主句并列的单句。

1. 主语从句的译法

(1)主语从句位于主句之前

这种情况通常都可以按句序顺次译出,把整个主语从句当作一个主语,用陈述式词组放在主句开头译出。但如果主语从句确有表示结论的含义,那就可以把它放在主句后面译出。

【例】

① Where we are today has to be one of the most commercially dynamic places in the world.

译文:我们今天所处的地方是全世界最具商业活力的地区之一。(主语从句在前面译出)

② What the child cannot forgive is the parents' refusal to admit these charges if the child knows them to be true.

译文:要是孩子知道对父母的指责确有其事,而做父母的却拒不承认,这是孩子所不能宽容的。(主语后译出)

(2)主语从句位于主句之后

这种情况下主句往往用引词 it 作形式主语,这是带主语从句的复合句的常用句式。这种句式也有主语提前或置后两种译法,两种译法的形式主语 it 均要省略。

【例】

① It seems to me that the Fair has got the whole China behind it.

译文:我觉得整个中国都在支持这个交易会。

② It is probably a good thing that sound cannot travel through a vacuum, for we are thus limited to earth-made sounds.

译文：声音不能在真空中传播，这可能是一件好事，因为这样一来，我们只能听见地球上发出的声音。

2. 宾语从句的译法

宾语从句一般是由 that、what、whether、how、if 等来引导，在主句中充当宾语的成分。宾语从句可以分为由动词引导和由介词引导两种类型。两种类型的宾语从句，在翻译成汉语时一般语句顺序都无须改变。

（1）动词引导的宾语从句

这种从句可视作前面动词的宾语，直接译出即可。

【例】

① Manure supplies what is deficient in the soil.

译文：肥料供给土壤所缺乏的成分。

② Guangdong has about 16 million telephone users. This means that the entire traffic could be handled by four fibers.

译文：广东有 1600 万个电话用户，这意味着四根光纤就可以搞定整个信息交通了。

（2）介词引导的宾语从句

这类宾语从句比动词引导的宾语从句略复杂，翻译时要注意选择合适的词语使整个句子连贯。例如，介词 in 之后如果跟有宾语从句，那么可译成原因状语从句，用"因为""在于""是因为"等词译出；介词 except、but、besides 等之后如果跟有宾语从句，那么可译为并列句的分句，用"除……之外""除了……""此外……""只是……""但……"等词译出。

【例】

① Men differ from brutes in that they can think and speak.

译文：人与兽的区别就在于人有思维而且会说话。

② The lift component is not vertical except when the relative wind is horizontal.

译文：除了相对风是水平的情况之外，升力不是垂直的。

3. 表语从句的译法

表语从句和宾语从句一样，也是由 that、what、why、how、when、where、whether 等连词和关联词引导的。一般来说，汉译英时先译主句，后译从句。

【例】

① The result of invention of steam engines was that human power was replaced by mechanical power.

译文：蒸汽机发明的结果是机械力代替了人力。

② The second general message is that future growth must be sustainable.

译文：第二个原则是，未来的增长必须具有可持续性。

4. 同位语从句的译法

同位语从句是指在复合句中充当同位语的从句，属于名词性从句的范畴，同位语从句用来对其前面的抽象名词进行解释说明，被解释说明的词和同位语在逻辑上是主表关系，即被解释说明的词就是同位语。这种从句译成汉语时，同位语从句可以提前，也可以保持原来的顺序。

【例】

① I've come from Mr. Wang with a message that he won't be able to see you this afternoon.

译文：我从王先生那里来，他让我告诉你他今天下午不能来看你了。

② Leadership in the digital Renaissance will be about the realization that everyone on this earth is born with the potential to lead.

译文：数字复兴的领袖将要努力实现使这个地球上每个人都有成为领袖的潜能。

综上所述，只要理清名词性从句与主句的关系，英译汉比较容易。反过来，汉译英可能稍稍有些难度，因为汉语中有些句子成分混杂在一起，较难判断其到底属于哪一种从句，需要选择合适的结构和词语把原意表达出来，实在需要功夫。请读者通过下列几例进行体会，此处不作过多说明。

【例】

①她害怕起来，担心丈夫终有一天要把她饲养的鸡兔全部吃掉，还有山林里的那些野鸡、野兔、果子狸和松鼠。

译文：She became scared by the idea that eventually her husband would eat up everything she has raised at home as well as the wild animals in the woods: chickens, rabbits, pheasants, hares, civet cats and squirrels.

②众所周知，狼的本性是凶残的。在人们心中，似乎形成了一个不可改变的观念。而我所经历的一件事，却使我彻底地改变了对狼本性的看法。

译文：That the wolf has a ferocious nature seems to be a well-known and unchangeable notion. But what I experienced personally has completely changed my point of view on the wolf's nature.

③我深信，在现代社会中，大人和小孩缺乏的并不是掌握各种知识、技术的能力，而是一种创造的热情以及怀有一个抗拒焦躁、丰富、高贵、安详的心灵。

译文：I am really convinced that for children and adults in modern society, what is missing is not the ability to gain all kinds of knowledge and skills, but the enthusiasm of creation and a state of mind that is anxiety-resistant, enriched, dignified and peaceful.

④易则易知，简则易从。易知则易亲，易从则有功。有亲则可久，有功则可大。可久则贤人之德，可大则贤人之业。

译文：What is simple is easy to grasp, what is simple is easy to follow, what is easy to grasp becomes familiar, what is easy to follow is effective, what is familiar will become habit, what is effective is scalable, what is habitual becomes virtue, and what is scalable enables the virtuous man to achieve great things.

第五章

英语语用学与翻译

📖 内容摘要

　　语用学是研究语言形式与使用者之间关系的学科。作为语言学的重要分支，语用学以语言哲学为基础，将人类学、心理学、逻辑学、计算机科学等不同学科的知识联系起来，其研究内容和方向均获得了多元的发展。本章主要通过介绍英语语用学的基础理论，探讨其在英汉互译的过程中所发挥的作用和产生的影响，希望能从语用学的角度总结出一些翻译的技巧。

📖 学习要点

➢ 英语语用学的基本概念及其主要内容。
➢ 英汉语境因素与翻译。
➢ 英汉语用模糊与翻译。

第一节 英语语用学概述

人们对语用学的研究在不断深入，所研究内容的范围越来越宽泛。从广义上讲，凡是与语言使用相关的内容都属于语用学研究的范畴。本节我们挑选出英语语用学中对翻译作用较大的三个概念——语境、指示语和语用模糊来进行简要介绍。

一、语境

语境是语用学的重要概念之一，在语用研究中占有非常重要的地位。

（一）语境的含义

广义的语境是指与语言运用相关的一切因素，包括语言语境、情境语境与文化语境三个要素。

1. 语言语境

语言语境又称"语言知识"，是指语句或话题的上下文。具体来说，一个句子的上一句与下一句、上几句与下几句以及一段话的上一段与下一段、上几段与下几段都属于语言语境。可见，语言语境是对语境的最狭义理解。

此外，语言语境还与语句或段落中的语音、词汇、词组、语法、句子和段落等紧密相关。例如，"'To be or not to be.' These kinds of words are very beautiful." 一句中"To be or not to be."是下文"These kinds of words"的具体内容。再如，"We must admit that talent is the driving force of a country's development." 一句中，发话人"admit"的具体内容就在下文中。可见，上下文之间的直接表现与所指关系构成一种相互依存的语言语境关系。

2. 情境语境

情境语境是指与特定的交际情景有关的知识。具体来说，某一交际行为的主题，交际发生的时间、地点，交际场合的正式程度，交际主体的身份、地位以及交际主体之间的关系等都属于情境语境。

【例】

Sam: OK. Excellent, come on. It's fine. Ah. Man. Can you get this?

Molly: Where are you guys from? The New York City Ballet?（She reaches out of the window to get the statue.）Almost. Ah, ah!（She screams. Sam reaches out and catches her.）

本例选自美国电影《人鬼情未了》（*Ghost*）。其中，Sam只提到了this却并没有指出this具体指什么，此时要确定this的内涵就必须依赖交际双方所在的交际情境，即现场。

3. 文化语境

文化语境包含的内容很广泛，涉及历史文化、地域文化、社会文化和宗教文化等方面，语境有助于准确理解词汇的文化内涵。翻译理论家奈达曾指出："对于真正成功的翻译而言，熟悉两种文化甚至比掌握两种语言更重要。因为，词语只有在其作用的文化背景中才有意义。"

例如，中西方人在面对赞扬时的反应有很大差别，当听到"You speak beautiful English/Chinese."时，可能有完全不同的回答：

A：No, no. My English is very poor.

B：Thank you. I had a very good Chinese teacher in the university.

在中国传统文化中，谦虚是一种美德，因此中国人受到赞扬时往往会进行否定，以示谦虚。而英美人受到赞扬时往往直接接受，同时向对方表示感谢。因此，了解文化背景才能更好地理解句子含义。

（二）语境的功能

语境的主要功能是对语言的制约作用。一切语言的应用和言语的交际总是限定在一定的语境范围之内，因此，语境对语言的语义、词语、结构形式及语言风格等方面都会产生影响和制约作用。

1. 语境对语义的制约

在任何语言交际中，语境总是决定着交际的内容。可以说，具体的语境对交际中的每句话的语义都有制约作用，交际发生的时间、地点、场合的正式程度，交际主体的身份、地位及交际主体之间的关系等都制约着语义。语境对语义的制约有以下几种情况。

（1）交际发生的时间、地点、场合

同样的一句话，在不同的时间、地点、场合，就有不同的语义。例如，"It's 8 o'clock!"这句话如果是早晨对在家里正睡觉的孩子说的，那么，其语义就是家长在催促孩子"快起床"；如果是在学校里或在教室里说的，那么其语义可能是"上课的时间到了"；

如果是在假日里说的,那么其意义则可能是指朋友间约定的"会面时间到了"。

(2)人物交际主体的身份、地位

同样一句话,不同身份的人所表达的语义不同。例如,一位教师和一名学生都可以说"I have class at three."由于教师和学生的职务身份不同而决定了同样一句话的语义不同,教师说这句话的意思是"去讲课",而学生说这句话的意思是"去听课"。

2. 语境可排除歧义

语境制约语义的另一功能,就是它能排除任何语言中的歧义现象。例如"Mary gave her pet food."一句如果脱离语境进行静态分析,可以有三种理解:

(1)玛丽把食物给她的宠物。(语境:玛丽正在喂宠物)

(2)玛丽把宠物食品给她。(语境:玛丽正在给另一个人东西)

(3)玛丽给出了她的宠物食品。(语境:玛丽把宠物食品给了别人)

但当这个句子被特定的语境制约时,就会只有一种语义。因此,有些句子只要离开上下文或语境条件,就很可能会产生歧义。

3. 语境对句子的制约

语境对句子的制约,主要是对句型、句子结构、节奏及句子风格上的制约。我们通常使用的语言交际主要有口语交际和书面语交际两种形式。两种形式表现为不同的语言环境,所使用的句子有一定的差异,即使同是书面语言,由于体裁形式不同,使用的句型、句子结构、节奏及句子风格也会有差异。

【例】

① "How do you think John's voice compared with——let's say Pavarotti's?"

"Aw, come on. You're comparing apples and oranges. You can't seriously compare a talented amateur like John to a world-famous professional. They're not in the same league."

译文:"你说约翰的嗓子怎么样?比如说我们拿他和帕瓦罗蒂比一比的话。"

"得了吧,你这是拿着苹果比橘子。约翰是有才,可毕竟是业余歌手,帕瓦罗蒂是世界级歌唱家,两人不在一个档次,实在没法比。"

② How does Nature deify us with a few and cheap elements! Give me health and a day, and I will make the pomp of emperors ridiculous. The dawn is my Assyria; the sunset and moon-rise my Paphos, and unimaginable realms faerie; broad noon shall be my England of the senses and the understanding; the night shall be my Germany of mystic philosophy and dreams.(Ralph Waldo Emerson: *Beauty*)

译文:自然界用些许简单的风云变幻,竟然使我们有超凡入圣之感!我只要有健康的身体和自由自在的一天光阴,我就可以使帝王的赫赫威严为之黯然失色。朝阳灿烂如锦，那就是我的亚述帝国；夕阳西落，明月从东山升起，那就是我的帕福斯和不可思议的仙子之乡；昊昊阳午，就是我的英国——常识和理智的故乡；神秘的黑夜，就是我的德国——神秘哲学和梦想的国土。（爱默生《论美》）

从风格来看，上面两例一个是口语风格一个具有书面语体的风格。这种风格的不同，也是由语境所决定的，例①是两人的谈话，句型多为短句，修辞成分较少；例②是文学作品，句型复杂，修辞较多。

4. 语境的潜在语义

要正确理解一个句子的全部意义，单单了解句子内部各词的组合意义是不够的。因为一个句子的全部意义，往往是由句子本身及其潜在信息共同提供的。而句子潜在语义的主要来源则是句子的上下文和背景知识。因此有些句子离开上下文就很难理解。

例如，有人在美国听到一个工人说："Today the eagle flies."如果仅仅根据字面理解为"今天老鹰飞起来了"，那就大错特错了。原来这句话里的 the eagle 是指美钞，因为美钞票面上有鹰的图案，就如同我们中国人把面值拾元的人民币称作"大团结"一样。因此美国工人说这句话的意思是"今天是发薪的日子了！"

因此，语言与文化的关系是密不可分的，学习任何一种语言，首先必须了解所学语言的文化背景。

二、指示语

指示语是语用学中的重要概念，它能够说明语言和语境之间的密切关系，并随着语境的变化而发生一定的改变。因此，它在言语活动中发挥着重要的作用。

（一）指示语的含义

指示语的意思是利用语言进行"标识"或"指点"。对指示语的研究能够帮助交际双方确定交际的信息以及交际所指的对象。

指示语和人们的生活有着密切的关系。语言哲学家巴尔·希列尔曾指出，指示及指示性是自然语言中不可避免的一种现象，是自然语言固有的特征。在日常交际中，人们有90%以上的话语都会涉及人物、时间、地点等知识信息。只有对这些指示信息有一个明确的了解，人们才能更加完整、准确地理解话语意义。例如，"I'll put this here."一句中有 I、this、here 三个指示语，要想真正明白这句话的含义，首先就需要弄清楚这三个指示语所指代的对象。

由此可见，翻译实践中，如果不了解原语言的指示信息，那么翻译就无法进行。

（二）指示语的分类

一般来说，我们可以将指示语分为人称指示语、时间指示语、地点指示语、语篇指示语和社交指示语五大类。

1. 人称指示语

人称指示语是指发话人、受话人和第三交际因素在交际或参与言语事件时使用的指示语。例如，英语中的 I、you、he、we、they 等，汉语中的"你/您""你们/您们""我/我们""咱/咱们""他们/她们""有人"等。

在实际交际中，对话双方运用人称指示语能够体现出发话人的内在关系。人称指示语通常以发话人为指示中心，受话人在理解时要站在发话人的角度理解人称指示语，否则沟通将无法进行。

2. 时间指示语

时间指示语是指交际话语中涉及的与言语时间相关的时间信息。例如，英语中的 now、then、this year、tomorrow、next time 等，汉语中的"现在""明天""将来""从前""明年这个时候""有时"等。

在对时间指示语进行理解时，除了要理解字面意义外，还需要充分考虑时间指示语的类别、话语发生的场合、动词的时态等多重因素，才能准确理解发话人的意思。

【例】

I promise I'll pay you in five days.

译文：我承诺五天内还钱。

"five days"这个时间指示语，指从发话者发话时算起，至于发话者是否真的还了钱，是否是他自愿还钱都需要结合语境才能了解。

【例】

Don't come in until I call you.

译文：我不叫你不要进来。

上例中 until 一词也是广义上的时间指示语，until 后的内容就是"Don't come in"截止的时间。

3. 地点指示语

地点指示语又称"空间指示语"，是指话语中存在的与言语发生时的地点空间相关的信息，包括表示近指和远指的地点指示结构及地点副词。例如，英语中的 there、here、at home、in this place 等，汉语中的"这里/那儿""这个/那个地方""附近""在远处"等。

对话中的地点指示语通常指能够揭示对话双方所在的方位与双方的位置,但由于双方对事物看待的目的和角度存在差异,因此对话中的地点指示语也可能呈现出不同的意义。

【例】

A: Mom, could you come here?

B: Yeah, but I'm busying in the kitchen. I'll go there in a minute.

上例中 A 说的 here 与 B 说的 there 虽然单词不同,但从对话中我们可以知道它们是指同一个地方,而且肯定不是 kitchen。

4. 语篇指示语

语篇指示语又称"话语指示语",是指在交际中运用恰当的词汇、结构等来传达话语或者语篇。在日常交际中往往会提及某一特定的时间与地点,因此语篇指示语与时间、地点指示信息相关。英语中的语篇指示语主要有三类:

(1)代词 that、this。这两个词主要用于指示方位,表示与发话人的距离,this 表靠近,that 表远离。如果用于篇章指示,那么这两个词指的是一句话的上文或下文的某一部分,也可以指语篇中的某一实体。

(2)表关系的词和短语,如 but、even、therefore、however、in conclusion、to the contrary、after all、well 等。它们往往在话语的开头呈现,主要作用是表明其所在的话语与上文某一部分之间的语义关系。

(3)用于时间指示的一些形容词,如 next、last、preceding、following、previous 等。由于语篇是随着时间的推移而展开的,因此这些形容词也常用于篇章指示,参照点就是它们所在的话语。

5. 社交指示语

社交指示语是指表示交际双方具体的社会关系和社会特征的词语。例如,英语中在姓氏前加上"Mr.""Mrs."或"Miss"能够表现出发话人对受话人的尊重。汉语中也有很多表示尊称的词语,如"您""您们""老人家"等。

社交指示语往往能够将交际者的社会身份与地位体现出来。但是,这种身份的体现和确定只是针对交际一方来说的。在实际的运用中,社交指示语所涉及的社会信息包含很多内容,如性别、年龄、职业、社会阶层等,如"小孙""老李""王小姐""陈总"等。

社交指示语可用多种语言手段来实现:

(1)人称代词。例如,我国就有两种不同的第二人称形式"你"和"您"。通常情况下,"你"用于长辈对晚辈、上级对下级或平级之间;"您"则是晚辈对长辈、下级对上级的尊称。

（2）称呼。有很多称呼形式可用于社会指示语，包括名字的不同表达方法、亲属名词、职业名称、头衔与名字连用等。这些称呼可以发挥不同的社交指示功能。例如，头衔与姓连用可表示被称呼者有着较高的社会地位，如 Chief Justice Roberts。泛化的称呼可以表示对陌生人的尊重等，如 Ladies and Gentlemen。

（3）词汇。有些语言中的词汇本身就具有一定的社交指示作用。例如，古汉语中表示对人的恭敬和对自己的谦卑的"令堂""尊夫人""犬子"等，英语中表示尊称的 my lord、my lady，表示爱人的 my darling、honey 等。

三、语用模糊

语用模糊是言语交际中引起话语理解不确定性的语言现象，它的产生和消除极具语境依赖性。

（一）一般性词语的模糊现象

在英汉一般性词语中存在大量内涵外延难以界定的以及一些概括性的词语，其模糊性是语言本身所固有的。例如，汉语中的"比较""一般""稍微"等表示程度的副词含模糊词义；"好"与"坏""美"与"丑""善"与"恶"等形容词也是模糊的；表示四季等的时间词都没有一个明确的上下限。词义的模糊性在英语中也比比皆是。例如，英语副词 about、almost、in a sense 表达的意义是模糊的，better、broaden、minimize 等动词意义也是模糊的。

（二）短语、成语、谚语的模糊现象

英汉语言的模糊性也大量地表现在短语、成语和谚语中。例如，汉语中"三十年河东，三十年河西"大体指世事变化、时过境迁、沧海桑田的意义，但确切意义仍是模糊的。英语中短语 in a way、something like that、many 等都没有确切的语义程度或范围，成语 as poor as a church mouse 意指"穷"，as busy as a bee 意指"忙"，但多穷多忙并没有确切的意义。

（三）句子语法结构的模糊意义

任何一种语言的语法都是灵活多变的，都具有模糊性。这里所说的语法结构模糊性，仅指对同一短语或句子由于在语法结构层面上存在多种解释的可能性，因此词语的搭配多种多样，如果脱离了语言环境和上下文的引导，就会造成语义模糊。例如，"It takes two mice to screw in a light bulb." 一句可以理解为"两只耗子才能旋紧一只灯泡"，

也可以理解为"一只灯泡里要有两只耗子才能在里面打转转"。因为,该句中可以是 a light bulb 作为 screw in 的宾语,也可以是 in a light bulb 作为全句的地点状语。

(四)数词的模糊现象

数词的模糊语义是指数词在交际中其自身的因素不起主要作用,数词与其他词语一起使用时,产生了相对其自身而言的模糊意义。例如,"三心二意"形容犹豫不决、拿不定主意,"三番五次"指同样的话和动作重复多次,两个成语的意义是明确的,但里面的数词语义却是模糊的。

上面的例子说明模糊语义的数字具有用词简练、形象生动、语义贴切的修辞功能。此外,一些数词的模糊语义还具有诵之上口、听之悦耳、形式工整的美感功能,有时还具有明显的比喻或夸张等修辞效果。例如,李白的"飞流直下三千尺,疑是银河落九天"中的"三千"和"九"就是模糊语义的数字,夸张地体现出了瀑布的壮观。

英语中也有许多模糊语义的数字。例如,a couple of 的意义既指"一对、一双",又指"几个",具体的语义要根据上下文来判定;hundreds of thousands of people 到底是多少人,decades ago 究竟是几十年前,也没有确定的所指。

(五)英汉诗歌和文学作品中的模糊现象

与精确的语言相比,诗歌和文学作品会较多地采用模糊词语和比喻、夸张等模糊修辞语言,使诗歌和文学作品更具活力。例如,唐代诗人柳宗元的《江雪》:"千山鸟飞绝,万径人踪灭。孤舟蓑笠翁,独钓寒江雪。"作者在诗中的头两句运用了夸张的模糊修辞,勾画出"千山""万径"的"鸟飞绝"与"人踪灭"的空旷雪景之中,一垂钓老翁的鲜明形象。夸张的修辞固然给读者以孤独感,但也反衬出老者不惧风雪、不畏荒寒、战天斗地的精神。

又如,莎士比亚名篇《哈姆雷特》中哈姆雷特于郁闷彷徨中说出来的一句话"To be or not to be, that's a question."也是文学语言模糊性的例子。这句话有着很多的译版:"活,还是不活,这是个问题。""是生存,还是毁灭,这是个值得考虑的问题。""活着好,还是死了好,这是个问题。""是生,是死,这是个问题。"……其译文之多足见原文的模糊。

第二节 英汉语境因素与翻译

下面我们详细分析语境的三个要素对翻译的影响,从中总结一些翻译的技巧。

一、语言语境因素与翻译

简单来说,语言语境就是语句或话题的上下文,如果一句话离开所处的语境,它的词义就很可能会发生变化。翻译时某些词的意思甚至可能要完全脱离字典的释义,才能更好地再现原文中作者要表达的风格与意义。

(一)语言语境中上下文对翻译的影响

英语中很多多义词都需要放在语境中,根据上下文来确定词义。

【例】

① Difficulties can and must be can overcome.

译文:困难能够而且必须克服。

② Sea men have to live on canned foods at sea.

译文:海员在海上航行的时候,只能吃罐头食品。

上两例中都有 can 一词,我们必须借助语言语境中的语法来判断 can 的词义,而不能简单地在词典中选择一个 can 的释义进行翻译。

【例】

① I never had much in seeing you. There was no love lost between us at any time.

译文:我向来不大想看到你,咱们两人之间大概什么时候都不曾有过好感。

② We grumble a little now and then, be sure. But There's no love lost between us.

译文:当然喽,有时我们也免不了争论几句,但是我们还是相亲相爱的。

上两例中都出现了"no love lost",但在具体的语境中却表现截然相反的意思。例①中"不曾失去爱"是因为从未有过爱;例②中,是指我们的爱很牢固,从未失去。

【例】

①虚心使人进步,骄傲使人落后。

译文:Modesty helps one to go forward; whereas conceit makes one lag behind.

②我为我有这么优秀的学生感到骄傲。

译文:I am proud of my excellent students.

上两例中都有"骄傲"一词,如果不结合句子的语言语境,我们就很难翻译出准确意义。例①中我们明显知道"骄傲"是"虚心"的反义词,是含有贬义的;而在例②中,很明显是一种表扬。

总之,英汉两种语言都有着各自的词义变化,一词多义是普遍现象。因此,准确把握语言语境便是译者最好的一种翻译手段,语言语境能将源语和译语紧紧联系在一起,使翻译更顺利地进行。

(二)语言语境中篇章对翻译的影响

不仅上下文能影响翻译,篇章也能起制约作用。

【例】

展出的所有产品都出自于这个村的农民之手。他们粗糙的手描绘出一幅幅美好的画卷。

译文一: All the works are from the farmers in this village, who depict the beautiful paintings with their rough hands.

译文二: All the works on display are done by the farmers with their own hands that are used to farm work.

译文一把"粗糙的手"译为"their rough hands",孤立地看来,这个译文是正确的,但是把它置于文中,处于原文语言语境下就很不妥。"their rough hands"略显贬义,而本文是用来歌颂赞扬这些勤劳的农民的,译文一不符合原文语境。译文二将其译为"hands that are used to farm work",既表达了作者对农民的钦佩之情,也译出了"粗糙的手"的深层含义。

二、情境语境因素与翻译

情境语境是指篇章产生时的环境,包括语场、语篇基调和语篇方式三个方面。

(一)语场对翻译中词义的影响

语场是指实际发生的事情,包括语篇发生的环境、谈话话题、说话人及其他参与者所参加的整个活动。在翻译过程中,只有准确把握原文的语场,我们才能顺利地转换词义。

【例】

A: Oh, I cannot stand my poor English. Could you help me?

B: If you had firmed your determination, it would not be that.

上例中B并没有直接地回答A的提问和请求,而是婉转地表达了自己的不满和拒绝。这个例子说明,在翻译过程中,判断一个句子表达的是字面意思还是隐喻意思,常常需要根据句子所处的上下文，并辅以语场分析，才能在词语的众多意思中做出正确的选择。

我们再看下面一则标示于国外某大学实验室的指示语。

【例】

You should cut off power supply if you are not going to use it for a long time.

译文一：如果你长时间不用的话，请切断电源。

译文二：长期不用，请切断电源。

根据该标示的位置，我们应该对其做出简洁、明了的翻译。译文二充分考虑了原文所处的场合，因此，表达更符合原文意思，读者更易理解。

在汉英互译的实践中，要深刻地认识到语场对翻译的准确性有着极大的影响，只有充分重视语言语境中的语场要素，进行广泛而深入、系统而具体的对比，才能准确把握原文的情境语境中的语场关系，辨别文本的个性，从而使英汉互译更准确、更地道。

（二）语篇基调对翻译中词义的影响

语篇基调是指参与者之间的角色关系，包括参与者的社会地位以及说话者的态度和想要实施的意图。例如，"wife"指已婚女子，可用于各种文体和社会层次，一旦被翻译成汉语则须视具体语境而定，因为汉语中对已婚女子的称呼有妻、妻子、老婆、婆娘、女人、夫人、太太、内人、贱内、拙荆、尊夫人、爱人等。每一种称呼都有各自的使用范围，体现不同的文体色彩和历史背景，因此在翻译时应视语篇基调做出选择。

交际者的身份在翻译中起着非常重要的作用，因此在翻译过程中，译者应该根据交际者身份的不同进行灵活处理。

【例】

"Don't sing that stuff, mother. I don't want to hear it."

"You will go to bed."

"I want you to tell me a story."

译文一："请不要唱那首歌，母亲，我不想听到这首歌。"

"你应该上床睡觉了。"

"我想要你给我讲个故事。"

译文二："妈妈，不要唱歌嘛，我不想听呢。"

"赶紧睡觉去。"

"不要嘛，我还想听个故事呢。"

上例的两个译文与原文在概念意义上都算准确，但是两者处理角色关系和交际语体的方法显然不一致。从原文对话内容可以看出这是一个孩子和母亲的对话。译文一没有考虑到孩子和母亲的身份关系,很生硬,过于正式,是书面语。译文二再现了孩子的个性特征——语气中带着点撒娇的情绪。同时,又将母亲严肃的态度表现出来,可谓十分自然、贴切,更能体现原文的交际功能。

再如,"作为国家级的最高能源协调机构,国家能源委员会会议往往会定调一定时期内的能源发展战略思路,因此每逢召开都会牵动整个能源行业的神经。"这句话中"定调"一词该如何翻译?考虑全篇文章的语篇基调能起到一定的帮助作用。当我们翻译是处于亟待解决某个问题的紧迫感之下,要表明国家能源委员会会议的意图,是要做出决定,做出结论性的计划,所以翻译成名词时可以用"conclusion",翻译成动词时可以用"decide",这样我们可以更好地把握大体意思。

(三)语篇方式对翻译中词义的影响

语篇方式是指语言交际的媒介或渠道,这些媒介和渠道都在翻译中起着举足轻重的作用。译者在翻译过程中要注意原文的行文方式、作者的意图等,准确使用词汇和语法结构。

例如,下面是选自散文"The Notch of the White Mountain"一文的句子。

【例】

We had mountains behind us and mountains on each side, and a group of mightier ones ahead.

译文一:后面是山,左右也是山,前面很多山。

译文二:身后绵延大山,左右山峦重叠,前方是群山耸立。

上例的译文一语言通俗、简练但缺乏美感;而译文二具有浓厚的文学语言风格,将景物描写得更具立体感,增添了文学的色彩,更好地传递了原文的文学性。

此外,原文作者态度是表现文章内容的关键,译者应仔细揣摩原文作者的态度及其想表达的思想,以便使译文更贴切。

【例】

在中国一提到孔子,上至白发苍苍的老人,下至天真幼稚的顽童,无人不知,无人不晓。人们为了纪念他,在许多地方都建有祭祀他的寺庙,天津也不例外。

译文一: In China, from the old to the young, all people know Confucius. We can find temples in memory of him everywhere in China. Tianjin is no exception.

译文二: Confucius is a household name in China. Temples in memory of him could be found everywhere in China. Tianjin is no exception.

原文描述了作者对孔子的敬佩之情。译文一语言比较生硬,没有很好地体现出对原文作者的态度和感情。译文二用了"household",语言更简练,既体现出了孔子在中国的影响之大,又将作者的敬佩之情表现得较好。

三、文化语境因素与翻译

毋庸置疑,世界上任何一个民族的语言都有特定的民族文化和历史背景,并赋予某词语以特定的词义。在实际翻译时,译者应深入了解不同文化的不同之处,在译文中尽可能表达原文思想,同时又要考虑读者能否接受。

【例】

① Mum, I want a big apple.

② I will fly to the Big Apple.

例①是孩子向母亲要一个大苹果,但是例②如果译成"我将飞去大苹果"或"我去拿苹果"就大错特错了,因为 Big Apple 指的是纽约城,这就需要文化语境的支撑。

 知识链接

Big Apple 为什么指纽约城

说法一:纽约产苹果,但销量不佳,没什么名气。有一年加州苹果歉收,外销市场告急。不起眼的纽约苹果正好填补了市场空缺,解了苹果市场的燃眉之急,从此一举成名,成为纽约人的骄傲,被称为"The Big Apple"。

说法二:早年间纽约的市场经济并不繁荣,相传在经济大衰退时,纽约的许多企业面临破产,人们面临失业、减薪等问题,不得不去街上卖苹果。市政府认为苹果树在纽约很常见,又对经济有帮助,因此大力推广,使纽约成为"The Big Apple City"。

说法三:在 20 世纪 20~30 年代,爵士乐大肆流行。有一位爵士乐手的歌词是这样的:"There are many apples on the success tree, but when you pick New York City, you pick the Big Apple."这样的歌词令人印象深刻,也广为流传。

(一)历史文化语境及其翻译

英语和汉语发展的历史长河中,许许多多的词语都是在文化的滋养下产生并流传下来的。在两种语言之间进行翻译时,会经常遇到由于历史文化语境差异而出现的翻译难题,因此,只有了解两种语言丰富的历史文化内涵,并运用恰当的翻译方法,才能更好地体现和传递其真正的含义。

语言学与英语翻译

1. 神话传说

西方人是古希腊 - 罗马文明的继承者，流传着许多古希腊 - 罗马的神话传说。语言作为文化的载体，便出现了大量由美丽的神话故事而形成的词语。这些词语像中国的"开天辟地""叶公好龙""精卫填海"一样，有着神话传说的背景，极富表现力，至今仍被广泛应用。例如，"I was not Pygmalion, I was Frankenstein."一句直译很简单，但却会让人一头雾水，Pygmalion 和 Frankenstein 都是什么人？有什么过人之处？事实上，了解其历史文化内涵，就会知道 Pygmalion 是希腊神话中的塞浦路斯国王，是一个雕刻家，他如痴如醉地爱上了自己雕刻的一个美丽的女子像，便虔诚地求爱情女神阿芙洛狄特（Aphrodite）赋予那女子生命。因此，Pygmalion 的喻义是"享受自己创造的美"。而 Frankenstein 是小说中的人物，是个年轻的医科大学学生，喜欢做各种生物实验，培育新奇生物，最后被自己培育的怪物吃掉了。因此，Frankenstein 的喻义是"自作自受，作茧自缚"。了解了这些历史文化，我们就可以采取"直译 + 意译"的办法来表达其内涵，译为："我并不能享受自己创造的美，只是作茧自缚、自作自受罢了。"

这里再举几例作简要说明，更多源自神话传说的词语需要广大读者去发现和积累。

（1）Pandora's box（潘多拉宝盒）一词经常出现在影视剧中，它源自希腊神话。传说 Pandora 受命带着一个盒子下凡，Pandora 私自打开盒子，于是里面的疾病、罪恶、疯狂等各种祸害都跑出来散布到世上。从此，人间就变得多灾多难。后来，人们常用 Pandora's box 来表达因福成祸或者揭示某物看似宝贝但却是一个不祥之物。

【例】

① The Senate investigation turned out to be a Pandora's box for the administration.

译文：不料，参议院的调查给政府带来了无尽的麻烦。

② I believe this will prove to be a Pandora's box in the long run.

译文：我相信这终将是个祸根。

③ Never be exalted over a premature success, as it always turns out to be a Pandora's box.

译文：不要因为过早的成就而得意忘形，因为那往往会成为人们失败的根源。

（2）Prometheus（普罗米修斯）是希腊神话中最著名的一位神，曾奉命创造人类。他先用泥土造成人形，后来又向这些泥人喷了生命之火，使他们有了灵性，成了聪明的人类。后来，Prometheus 因盗取天上的火种给人类而受到严厉惩罚，虽历尽痛苦折磨而不肯屈服，一直备受歌颂。因此，后人用 Promethean fire 这个词组来寓意"灵性"，Prometheus 这一形象用于比喻"受折磨""抱有希望"的人等含义。

【例】

① I wonder from where he got the Promethean fire to produce such a masterpiece.

译文：我真不明白他从哪里得来这种灵感，能够创作出这样的杰作。

② Coming at the very time of need, your aid proves as warm as the spark Prometheus stole.

译文：你的援助就像普罗米修斯的天火一样温暖，在迫切需要的时刻降临。

③ He has borne the test of all Promethean pains with a kind of heroism.

译文：他以一种大无畏的英雄气概经受住了严刑拷打的考验。

④ In spite of all the hardships, we are as hopeful as Prometheus.

译文：尽管困难重重，我们还是像普罗米修斯一样满怀希望。

（3）Scylla 是意大利西端墨西拿海峡上的大岩礁，Charybdis 是对面的大旋涡，都是航海的危险之地。在希腊神话中 Scylla 成了六头女妖，Charybdis 也成了女妖，威胁过往的船只。因此，这两个词常寓意危险。

【例】

One falls into Scylla in seeking to avoid Charybdis.

译文：为避虎穴，落入狼窝。

（4）Ceres 是罗马谷物和农业之神，Bacchus 是希腊神话中的酒神，Venus 是罗马美与爱情之神，所以它们各有所指。

【例】

Without Ceres and Bacchus, Venus grows cold.

译文：如果没有食物和酒，人就很难有爱情。

（5）Jupiter 是罗马主神，也是光明、天空和法律之神，是雷电之源。人们远离了雷电之源，自然也就远离了雷电。

【例】

Far from Jupiter, far from thunder.

译文：远离了朱庇特，便远离了雷电。

（6）Hercules（赫拉克勒斯）是希腊神话中的大力神，主神宙斯之子，曾完成 12 项英雄业绩。

【例】

From his foot, you may know Hercules.

译文：从他的脚，你就知道他是个大力士。

2. 历史典故

中国是一个有着 5000 年悠久历史的文明古国，其文化博大精深，在翻译时，应在弄懂典故意蕴的基础上,注重英汉历史文化语境之间的差异,采取恰当的翻译方法。例如,刘禹锡《乌衣巷》这首诗中"旧时王谢堂前燕,飞入寻常百姓家"一句中的"王谢"指的是王导和谢安两个人,是当时的达官显贵,"王谢堂"是指二人豪华气派的官邸。因此,有人将这句诗中"王谢堂"译作"paintedeaves",为读者勾勒出一个房屋的画面,却忽略了本诗的历史文化背景,没有突出王谢的高贵身份;而译作"Wang and Xie noble mansions",这种直译的方法不仅传达了本句的基本意义,更是体现了本诗所具有的历史文化典故。

【例】

东施效颦。

译文一: Dong Shi imitates Xi Shi.

译文二: Dong Shi, make herself uglier crude imitation with ludicrous effect.

东施效颦是一则汉语成语典故,译文一那样翻译达不到准确、形象地表达和再现原典故的目的。对于不甚了解中国历史文化的西方人来说,只是看到一个人模仿另一个人,没有特殊意义。译文二采用了意译和增译的办法,让西方读者能更好地了解这一成语的内涵。

西方历史上也有很多典故,下面举几例进行说明。

(1) Waterloo 是指比利时的城镇滑铁卢,由于此地是1815年拿破仑军队大败之处,因此,这个词喻指惨败。

【例】

The general will meet his Waterloo.

译文:将军终会惨败。

(2) 希腊人攻打特洛伊城十年,未达目的,后来通过向特洛伊城送上木马作为礼物,让对方打开城门。城内守卫无不为和平而狂欢,可是后来藏在木马中的全副武装的希腊战士跳出来杀死了睡梦中的守军,攻占了特洛伊城。所以 Greeks gifts 寓意不怀好意。

【例】

I fear the Greeks even when they bring gifts.

译文:希腊人送礼时也让我害怕。

(3) Homer(荷马)是伟大的古希腊诗人,相传为《奥德赛》的作者,被认为是充满智慧的人。

【例】

Homer sometimes nods.

译文一:老虎也有打盹的时候。

译文二:智者千虑,必有一失。

3. 文学形象

在英国文学史上，出现过许许多多卓越的作家和诗人，他们作品中的文学形象家喻户晓，名言警句脍炙人口，这些都大大丰富了英语语言。例如，莎士比亚《亨利五世》中的 Pistol 用来喻指"流氓无赖"，《威尼斯商人》中的 Shylock 喻指"狠毒无情的高利贷者"；同时，他的戏剧、叙事诗和十四行诗中出现了很多广为流传的词汇和短语。

【例】

① Many took to gambling and got in over their beads, borrowing from shylocks to pay their debts.

译文：许多人喜欢上了赌博以至晕了头向斤斤计较的高利贷者借款还债。

② All the world is a stage. And all the men and women are merely players.

译文：世界是个大舞台，形形色色的人们只是其中的演员。

③ Life is but a walking shadow.

译文：人生不过是移动的影子。

④ It is better to be a beggar than a fool.

译文：做乞丐胜过做傻瓜。

⑤ Uneasy lies the head that wears crown.

译文：戴王冠的脑袋躺不安稳。

此外，还有狄更斯作品中的 Pickwick 喻指"充满幻想的资产者"；拜伦作品中的 Don Juan 指"风流浪子"；哈代作品中的 Tess 指"纯洁无辜的女人"等。文学作品中的短语、佳句更是数不胜数。

【例】

① Every wise man dreadeth his enemy.

译文：好汉不吃眼前亏。（乔叟）

② Better to reign in hell than serve in heaven.

译文：宁在地狱为君，不在天堂做臣。（弥尔顿）

③ The child is father of the man.

译文：三岁看大。（华尔沃兹）

④ Knowledge is power.

译文：知识就是力量。（培根）

中国文学作品中，同样有很多脍炙人口的文学形象，对于东西方文化中一些类似的历史人物和历史典故，可采用类比的翻译方法。

【例】

济公劫富济贫，深受穷苦人民爱戴。

译文：Jigong, Robin Hood in China, robbed the rich and helped the poor.

济公在汉语文化中是劫富济贫的人，但西方人未必了解。译者通过与英美文学中的罗宾汉相比，使西方读者产生一种熟悉和亲切感，从而搭建起东西方文化的桥梁。

（二）地域文化语境及其翻译

在不同的地域文化语境中，人们对同一形象或事物采用不同的言语表达方式，因此在翻译时应充分注意。例如，金昌绪的《春怨》中的"啼时惊妾梦，不得到辽西"一句，"辽西"表面上看是个地名，然而综合整首诗的文化背景来看，妻子思念在戍边服役的丈夫，连在梦中相见也求之不得，既突出爱人间的思念之情，又暗指当时战乱频繁。因此，如将"辽西"直译为一个简单的地名则不隐含任何意义；而将其译作"the frontier"，就可以将辽西所代表的含义更好地表现出来。

另外，因东西方国家的地理位置不同，"东风""西风"等词语的特征相异，中英文学作品对此各有偏爱，在翻译时要多加注意。在中国，"东风"为暖风，它象征"春天"和"温暖"，故有"东风报春"之说。而英国的"东风"则是从欧洲大陆北部吹来，为冷风，它象征"寒冷"和"令人不愉快"等，所以英国人讨厌"东风"，称其为"piercing east wind""biting east wind""a keen east wind"等。

翻译时，可以采用加译注的方法，使读者更了解原作品的意思。例如，下例中译者担心读者误解"怨东风"的含义，特意加了注。

【例】

闲愁万种，无语怨东风。（《西厢记》）

译文：I am saddened by myriad petty woes.

　　　And, though I speak not, I am angry

　　　At the breezes from the east.

　　（The east wind is symbolic of spring, with its urge to love and mating.）

再如，由于地域上的差异，英国的气候与中国不同，冬天很长，春天较短，而夏天显得温暖、明媚，是一年中最宜人的季节。因此，在一些英国文学作品中，"夏日"常与美丽、温馨、可爱等联系在一起。在中国文化里，夏日是与炎热酷暑联系在一起的，并不美好。翻译时可采用加修饰语的方法，更好地传递原文的意思。

【例】

Shall I compare thee to a summer's day? Thou art more lovely and more temperate.

译文：我可否将你比作美丽的夏天？你比夏天更可爱，也更加温善。

上例译者在翻译时加上了"美丽的"修饰"夏天"来补充中文"夏日"形象在意义上的不足，从而唤起中国读者对"夏日"一词的美好感觉，较好地避免了由于地域文化语境的不同而造成意义的扭曲。

(三) 社会文化语境及翻译

由于社会文化语境的不同，不同民族的人们对于相同事物的理解并不相同，反映出不同的民族文化内涵。

【例】

The lady went up the aisle with one man and come back with another.

译文：这位女士同一个男人走进通道，却同另一个男人走出来。

看似简单的一句话却蕴含着西方文化中的婚礼习俗，即新娘在父亲的护送下走上婚礼的神坛，然后被交托给新郎。假如不了解西方婚礼习俗，即便看了译文也会让人一头雾水。这里我们再以英语数字、颜色和动物几类常见的词为例，来介绍社会文化语境赋予它们的特殊意义与翻译的方法。

1. 数字的翻译

数字也有丰富的联想意义。在汉语中数字的寓意多因谐音而来，如"四"与"死""八"与"发"等，此外，我国民间也有六"顺"、七"巧"、十"全"等说法。在英语中，数字也有丰富的文化含义，翻译时须根据语境进行转换。

（1）one 的意义由"一"发展而来，有"独特""有趣的人（或事）"等寓意。英文短语 ones and twos 对应汉语的"三三两两"。

【例】

① Have you heard the one about the bald policeman?

译文：你听过那个秃头警察的笑话吗？

② She is a great one for solving puzzles.

译文：她是个解谜能手。

（2）two 的意义有多种，英语里有很多带 two 的短语或表达方式。例如，put two and two together and make five 与汉语中"一加一不等于二"相似，意思是"根据事实推断，却得出错误结论"；此外，two for a penny 与汉语的"一石二鸟"，two by two 与汉语的"成双成对"异曲同工。

【例】

① He is rather inclined to put two and two together and make five.

译文：他一推测就出圈儿。

② —— "I'm finding this party extremely dull."

—— "That makes two of us."

译文：——我觉得这个聚会太枯燥了。

——我也有同感。

（3）three 相对于"两个"的事物来说，有"多余"的含义，这一点与汉语是相通的。

【例】

① The blacksmith came down the street, three sheets in the wind.

译文：铁匠喝醉了酒，在街上跌跌撞撞。（three sheets 表示醉鬼蹒跚的步态）

② When chairman called the meeting to order, someone muttered, "This looks like a three cigar meeting."

译文：当主席宣布开会时，有人咕哝道："这会看样子要开很久。"（用抽三支雪茄烟的时间来形容会议的冗长）

（4）four 的引申含义较多，如 on all fours 原指四足动物落地非常平稳，引申为"四肢匍匐在地""完全吻合"或"价值完全一致"；four-letter words 指淫秽词语，英语中最淫秽下流的词语多由四个字母组成。

【例】

① It is not easy to make a simile go on all fours.

译文：一个比喻要完全贴切是不容易的。

② The baby was crawling about on all four corners.

译文：那婴儿那时正到处爬。（four corners 并非仅指四角，而指一个地方的所有部分）

（5）five 也有不同的联想意义。

【例】

① He really made a five-star job of it.

译文：他这件事干得很漂亮。（用五星级来形容所做的工作）

② They said they bought these things at a five and ten.

译文：他们说这些东西是在一个廉价杂货店买的。（a five and ten 指卖五美分、十美分小商品的商店）

③ He sported a heavy five o'clock shadow for the role in a play.

译文：为演一剧中角色他蓄起了短胡须。（英美人通常早晨刮脸，到下午五点会长出短短的胡须）

（6）six 的用法与汉语中一些数字的用法相同，例如，sixes and sevens 对应汉语中的"七上八下"，six of one and half a dozen of the other 与汉语中的"半斤八两"对应。这是由于英国人常以"打"（12 个）计数，六个等于半打，而我国人古代以十六两为一斤，半斤为八两。

【例】

① I haven't had time to arrange everything well, so I'm all at sixes and sevens.

译文：我没有时间把一切安排好，因此心里七上八下的。

② It's difficult to decide who started the fight. It seems a case of six of one and half a dozen of the other.

译文：很难断定是谁先动手打起来的，看情况好像是双方半斤八两。

③ Watch your six!

译文：小心身后！（six 是 six o'clock 缩略而来，即 6 点钟方向，意译为身后）

（7）seven 在有些表达中都不是指一个确切的量，如 a seven days' wonder 指短暂的辉煌，相当于汉语的"昙花一现"；the seventh heaven（七重天），对应汉语中的"九重天"。

【例】

① This star singer is a seven days' wonder; I doubt whether anyone will remember her in a year's time.

译文：这位女歌星昙花一现，我不相信一年后有谁还记得她。

② Tom was in the seventh heaven; he had had a car for his birthday.

译文：汤姆生日时得到一辆汽车，简直乐不可支。

（8）eight 的常用短语也有很多，如 one over the eight 指饮酒过量，这是由于 the eight 指八品脱（一加仑，约四升多）啤酒，意思是指人喝八品脱啤酒可以不醉，但超过此量就会有醉意了。

【例】

He had one over the eight and fell down the steps as he left the party.

译文：他喝多了，离开晚会时从台阶上摔了下来。

（9）nine 的某些用法与汉语相似，如 nine times out of ten 即"十有八九"，nine to five jobs 指"朝九晚五的工作"。但也有一些特殊用法，如 to be dressed up to the nines 的意思是"盛装打扮"。

【例】

① Nine times out of ten you can predict who will win the game.

译文：你十有八九能预测出比赛的冠军得主。

② The girls were dressed up to the nines and went to the party.

译文：姑娘们个个盛装打扮，前去参加聚会。

（10）ten 有多种用法。take ten 由 take a ten-minute break 缩略而来，意思是"休息一小会儿"；feel ten-foot tall 意为"趾高气扬"；a ten-minute man 有褒贬两个意思：

褒义为"精力充沛、有很强的进取心的人",贬义为"巧舌如簧、心术不正的人";the upper ten (thousand) 指"上流社会"。

【例】

① The captain halted the soldiers and ordered them to take ten.

译文:上尉命令队伍停下来休息一会儿。

② Stay away from him. He is a ten-minute man.

译文:离他远一点儿,他是个巧舌如簧的人。

2. 颜色的寓意与翻译

中西方人们在基本颜色词的使用上始终存在着差异,对颜色词的联想又赋予其独特的文化意蕴。通过对汉英两种语言中基本颜色词文化含义的对比分析,可以了解颜色词在汉英民族语言中的文化差异。

(1)基本颜色词的寓意。汉英民族文化中对一些基本颜色词的联想意义的差别见表 5-1。

表 5-1　汉英语言文化中基本颜色词的寓意

颜　色	寓　意	举　例
红色	汉:与火相配,总是和快乐、幸福、好运、繁荣和成功等联系在一起	"红喜""红灯高挂""红包""红绸带""红利""红榜""分红""生意红火""红运""开门红"
	英:可以表示神圣,如天主教中的"红衣大主教";一些西方人从斗牛文化中联想到红色为不祥之兆,派生出激进、暴力、危险、紧张、放荡、淫秽等	the red rules of tooth and claw 残杀和暴力统治 red hot political campaign 激烈的政治运动 a red flag 危险信号旗 a red waste of his youth 他因放荡而虚度的青春
黄色	汉:黄色在古代是帝王之色,象征着吉祥、富贵和权势,具有崇高、尊严、辉煌的独特的联想意义,现代含义还与"性"有关	"黄袍加身""黄榜""黄道吉日""黄色电影""黄色书刊""黄色光盘"
	英:使人联想到背叛耶稣的犹太所穿衣服的颜色,所以黄色带有不好的象征意义,它除了表示低级趣味的报刊、毫无文学价值的书籍,还表示卑鄙、胆怯等	yellow press 黄色报刊 yellow back 廉价轰动一时的小说 yellow dog 卑鄙的人 yellow-livered 胆小的

续表

颜 色	寓 意	举 例
白色	汉：白色与红色相反，是一个基本禁忌词。白色是枯竭而无血之色、无生命的表现，它还象征死亡、凶兆、恐怖等	"白痴""白费力""唱白脸""白脸""白衣""白面书生" "穿白色孝服""办白事""白专道路""白色恐怖"
	英：白色代表纯洁、光明、善良、和平、正派、诚实、可靠、吉利和幸运等	a white soul 纯洁的心灵 one of the white days of sb's life 某人生活中的吉日之一 a white lie 无害的谎言
黑色	汉：黑色有沉重的神秘之感，一方面它象征严肃、正义，另一方面它又由于其本身的黑暗无光给人以阴险、毒辣和恐怖的感觉。它象征邪恶、反动	民间传说中的"黑脸"包公，传统京剧中的张飞、李逵等人的黑色脸谱 "黑心肠""黑幕""黑帮""黑手""黑名单""走黑道""黑店""黑货""黑市""黑钱"
	英：表示深谋远虑、智慧和坚定，还表示哀悼、绝望、死亡、邪恶、犯罪	Jack knew black from white. 杰克精明老练 black words 不吉利的话 a black letter day 凶日 blackmail 敲诈，勒索 black sheep 败家子
绿色	汉：中国古代人长期借用绿色来保护自己，有侠、义等含义；后当权的人认为绿色不是正色，因此赋予它"低微""不名誉""下贱"等含义，"绿"的词语多含有贬义	"绿林好汉" 唐代规定官位七品以下的穿绿服 "绿帽子"意为自己的妻子与别的男人私通 "脸都绿了""眼睛都绿了"
	英：绿色可以表示"嫉妒、眼红"，也可以表示青春、活力、新鲜等；由于美币是绿色的，所以 green 在美国也指代"钱财、钞票、有经济实力"等意义，在英语中绿色还用来表示没有经验、缺乏训练、知识浅薄等意思	green with envy、green as jealousy、green-eyed monster 都是十分嫉妒的意思 in the green 血气方刚 keep the memory green 永远不忘 The new typist is green at her job. 刚来的打字员是个新手
蓝色	汉：汉语中常用它来描绘海洋和天空，在个别搭配中有底色、计划等引申义	"蓝本"意为著作所根据的底本 "蓝图"是一种图纸，借指建设计划
	英：一方面具有"忧郁，伤感"的联想意义，常与心情不好有关，另一方面，blue 是一种高贵的颜色	Blue Monday 沮丧的星期一 a blue fit 非常不满 blue blood 贵族血统

（2）颜色相关语境的翻译。英汉颜色词的联想意义既存在着共性，也存在着差异性，所以我们在翻译的过程中应采用不同的翻译方法，并结合具体的境况而定。

① 颜色词表达的本意或隐含之义相同时，可直译。例如，霍桑的名著 *Scarlet*

Letter 就可直译为《红字》。再如，在中西文化里，人们在记账时都用红色表示亏损，这样 red figure 就可直译为"赤字"。

② 当英汉语言表示的是同一种意思，但使用的颜色完全不同时，采用意译法。具体的使用方法见表 5-2。

表 5-2 汉英互译中的意译

不同情形	举 例
英（汉）语中的一部分带色彩词语，对应到汉（英）语中无法用相同的色彩词来对应翻译	black and white 译为"青红皂白" black strap 译为"红葡萄酒" "灰胡桃树"译为"white walnut"
英语表达中没有出现颜色词，但译者可根据汉语的表达习惯，适当增加颜色词	a silly little girl 译为"黄毛丫头" a girl and a boy playing incently together 译为"青梅竹马"
当英语表达中的颜色词附有延伸意义，翻译时可以去掉文中的颜色词，并结合汉语的语言习惯表达	green fingers 译为"种菜能手" white coffee 译为"牛奶咖啡" green power 译为"有钱能使鬼推磨"
汉语颜色词只表示一种引申意义，汉译英时只能介绍其含义，回避其颜色	"红娘"意译为"go between"或"match maker"

总之，英汉互译的过程中，要正确理解颜色词的"颜"外之意，根据英汉双方的语言文化特点并采取恰当的翻译方法。

3. 动物的寓意与翻译

英语中的很多动物词都有丰富的文化内涵。英语动物词引起的联想与它们所对应的汉语词所引起的联想有同有异。下面举几例进行说明。

（1）dragon（龙）在西方文化中指传说中的一种体形巨大,身披鳞甲,有双翅、巨爪、利齿的动物，是恶魔、凶恶的人（特别是女人）的象征。这和以龙为民族标志的华夏文化有巨大的差别。

【例】

The woman in charge of the Accounts Department is an absolute dragon!

译文：会计科的那个女科长是个十足的母夜叉！

（2）phoenix（凤凰、长生鸟）是神话中的鸟，生活在阿拉伯沙漠中，可活数百年，然后自焚为灰而再生。因此，phoenix 有"再生""复活"的意思，可以指任何能够像 phoenix 一样再生的人或事物。phoenix 没有汉语中"凤凰"的高贵、吉祥的联想意义。

【例】

That politician, showing no signs of disappointment, promised that his party would soon rise like a phoenix from the ashes of defeat.

译文：那位政治家毫不气馁，表示他的政党很快会东山再起。

（3）lion（狮子）是产于非洲和南亚的猛兽，是强壮、勇敢的象征。在有些表达方式中 lion 又有"危险"的联想意义。这颇似"老虎"在我国人心中引起的联想。英国国徽的中心图案即是雄狮，因此英国又被称作 the British lion（不列颠雄狮）。

【例】

① Puny though he looked, he was as brave as a lion.

译文：他尽管看上去弱小，却非常勇敢。

② The indecisive person always sees a lion in the way.

译文：优柔寡断的人眼前总有危险的障碍。

（4）汉语中"狗"常有贬义色彩，如走狗、狗仗人势、狼心狗肺等。但欧美国家通常把"dog"视为宠物、伙伴，关于狗的习语大多是褒义的。

【例】

① You are a lucky dog.

译文：你是幸运儿。（不能译为"你是一条幸运的狗。"）

② Love me, love my dog.

译文：爱屋及乌。（不能译为"爱我还是爱我的狗。"）

③ You have a running dog.

译文：你有一条忠犬。（不能译为"你有个走狗。"）

（四）宗教文化语境及其翻译

由于不同的宗教文化，不同民族在崇尚、禁忌等方面表现出种种差异，在翻译中应予以充分注意。

宗教文化在西方十分盛行，基督教更是占主导地位。基督教的《圣经》（*The Bible*）给西方乃至全世界的文化和语言带来了无可估量的影响。源出《圣经》的英语词汇难以数计，许多《圣经》中的故事以及人物形象无论被移植到文学作品还是日常用语，都显示着特殊的魅力。例如，Solomon（所罗门）是以色列王。按《圣经》描述，他是神授智慧，极具才智。因此，Solomon 就成了智慧的代名词。

【例】

① He was the Solomon of his age.

译文：他是当时的大圣贤。

② He is no Solomon.

译文：他无大智。

又如，依据《圣经》所述，Samson 是一位盖世无双的大力士。他可以赤手空拳打死一头狮子，只身同数以千计的人搏斗。因此，Samson 意指大力士。

【例】

① He is a Samson who might pull down the pillars of our temple.

译文：他是个能把我们神殿的柱子拆毁的大力士。

② They have made a Samsonian attempt to demolish the gigantic structure.

译文：他们企图拆毁那庞大的建筑。

再如，《何必以心跳定生死》（*Why Measure Life in Heartbeats?*）里的这句"I believe, because of my religious faith, that I shall 'return to Father' in an after life that is beyond description."由于受东方佛教文化的影响，许多译者都把 an after life 译为"来世"或"来生"。东方佛教认为人有生死轮回，此生过完，还有来生；而西方基督教认为人死后灵魂仍在，或升入天堂，或堕入地狱。由于英文原文的作者是基督教徒，根据其宗教文化背景应把 an after life 理解为"人死后那段时光"。因此上例可译为："基于我的宗教信仰，我相信在我身后难以描绘的时光里，我将回归圣父。"

再如，下面是《红楼梦》第六回刘姥姥说的一句话。

【例】

谋事在人，成事在天。

译文一：Man proposes, God disposes.

译文二：Man proposes, Heaven disposes.

上例两种译文虽然只有一词之差，宗教意义却大不相同。译文一是英国翻译家大卫·霍克斯的翻译，对于西方信奉基督教的人来说，God 就是"天"。但是众所周知，《红楼梦》中的刘姥姥是信佛的，因此译文一很容易使人误认为刘姥姥是西方基督教徒。译文二是杨宪益夫妇的翻译，把 God 改为 Heaven 可谓匠心独运。

由此可见，在翻译中，宗教文化是一个十分重要的内容，如果不了解源语中的宗教文化背景，则可能使目的语的读者想当然，造成交流的障碍，因此我们应予以重视并采取恰当的方式予以表达。

总之，采取灵活多变的翻译方法，从而忠实、准确、顺畅地传达出源语意义，才能实现有效的跨文化交际。

第三节 英汉语用模糊与翻译

语用模糊脱离不开语境,这里从不同角度谈一谈语用模糊的翻译技巧。

一、不同类型语用模糊的翻译

语用模糊可以分为多重语用模糊、双重或数重语用模糊、条件性双重语用模糊和话语性语用模糊等四种类型。无论面对何种语用模糊,翻译时译者必须始终坚持"语用对等"和"最佳关联"两大原则。

(一)多重语用模糊与翻译

多重语用模糊即说话人在话语中对不同的听话人表达其不同的言外之意。说话人对听话人和旁听人说同一句话,表面上是对听话人实际上却是想对旁听人表达不便直接表达的话语之力,其目的是想避免冲突或尴尬等。

【例】

Doesn't your mommy change your diapers?

(语境:一位老太太冲着一个坐在婴儿车里哭的孩子,当时孩子的妈妈在场。)

译文:妈妈不给宝宝换尿布吗?

例句中的语境为原文话语的理解提供了有用的线索。老太太的反问,表面上是针对婴儿,其言外之意却是对在场的婴儿母亲的抱怨或指责。老太太使用语言模糊策略,用同一话语在同一语境中通过反问婴儿向不便指责的母亲传递了话语意图,使婴儿母亲明白应该替孩子换尿布。如果直接告诉孩子的母亲要她给孩子换尿布或者把孩子抱起来,或责备孩子的母亲对孩子不够细心等,可能会造成孩子母亲不悦。

译文也使用了间接的、模糊的话语,同样可以取得较好的效果,再加上"宝宝"一词的使用,拉近了说话人和听话人的距离,使原文的意图更加明显。

(二)双重或数重语用模糊与翻译

双重或数重语用模糊,即一话语对同一听话人表达两个或两个以上,有时甚至是截然相反的言外之意,常有一语双关、一语多义等效果。一般来说,在人际交往中,大家都力求把话说得简洁明快,清晰易懂。但是在特殊场合下,模糊朦胧、若即若离的语言反而更显诙谐幽默,散发出独特的魅力。

【例】

Clark: Is there something you are not telling me?

Lex: And what would that be? Clark.

译文：

克拉克：你有事情瞒着我吗？

莱克斯：我会隐瞒什么呢？克拉克。

根据例句中的原文话语的语境（《超人前传》第三期），Clark 所说的 something 指 Lex 与 FBI 合作来调查 Clark 一家的事情，而 Lex 话语中的 that，表明他不明白 Clark 的所指。译文使用"事情"将 something 较好地翻译出来，至于 that，不便挑明，便模糊处理不译。如果将含 that 的句子译为"那将会是什么呢？克拉克。"显然不如"我会隐瞒什么呢？克拉克。"那样具有原文意图表达的效果。例句中的 something 和 that，无论是原文还是译文，均采用语用模糊处理，语言模棱两可，反而更显魅力。

（三）条件性双重语用模糊与翻译

以条件从句来表达的双重语用模糊通常采用这样的句式：if X then Y；if not X then Z。这类语用模糊句的意思通常需要根据语境对话语的含义进行推导。

【例】

If I were you, I'd leave this place straight away.

译文：如果我是你的话，就即刻离开这里了。

例句中话语的意思可以根据不同的语境分别理解为"建议""警告"或"威胁"。翻译时，需要特别注意说话人的意图。除了将条件从句的句式翻译出来，还须注意个别词汇的翻译，否则就可能偏离原文的意思。此例中，如果将 straight away 译成"立马"，整个话语的语气就会所不同，且多半表示"建议"了；将其译成"即刻"，就可能表示"警告"或"威胁"。

（四）话语性语用模糊与翻译

话语性语用模糊主要指说话人通过使用间接的话语，将其意图表达的相关言语信息隐含地表达出来。因此，译者须把握好相关的语境，正确地推导出说话人的意图，从而使其译文实现语用对等。

【例】

A：I finally get my girlfriend to stop eating too much.

B：Really? How did you do that?

A：Well, I started cooking the meals.

译文：
A：我终于使我女朋友不再吃那么多了。
B：真的吗？你是如何做到的？
A：哦，我开始做饭了。

例句原文话语中，A是想告诉B自己的烹饪水平不高，但却没有明确提出来，而是通过语用模糊来表达这种言外之意。翻译时，按原文话语的字面意义直译，言外之意尽显其中。

二、模糊限制语及其翻译

模糊限制语是帮助实现语用模糊的重要语言手段之一。模糊限制语是"把事物弄得模糊的词语"。它可以就说话的真实程度或涉及范围，对话语的内容进行修正；也可以表明说话人对话语内容所做出的直接主观测度，或者提出客观根据，对话语提出间接评估等。模糊限制语可分为变动型模糊限制语与缓和型模糊限制语两种。

（一）变动型模糊限制语与翻译

变动型模糊限制语指可以改变话语的原意，或者根据实际情况对原来话语意义做出某种程度的修正，或者给原话语确定一个变动范围的表达法。在言语交际中，它可以避免说话过于武断，使话语更具客观性。变动型模糊限制语可以分为程度变动语和范围变动语两种。

1. 程度变动语

程度变动语表示话语真实程度的变动，它可以把一些接近正确，但又不确定完全正确的话语内容，说得更得体，更接近实际情况。常见的程度变动语有almost、entirely、a little bit、sort of、somewhat、more or less、to some extent、kind of、really、some等。

【例】

I had a sort of feeling that he wouldn't come tonight.

译文：我隐约觉得他今晚不会来了。

例文中的程度变动语sort of意为"有几分，在某种程度上"这种表达使话语所述内容变得模糊，使这句话听起来不那么武断。翻译时，将sort of直译为"有点"就基本能够表达原文的意思，而译文用"隐约"，意义显得更加完整。

2. 范围变动语

范围变动语指用来表达不定的但可以限制事物/事态变动范围的模糊词语。这类变动型模糊限制语是测量事物时经常使用的词语。这时说话人不必讲究实际情况与所说话语的接近程度,因为在话语中往往涉及某些数据。常见的范围变动语有approximately、essentially、about、something between X and Y、roughly等。

【例】

① At this season every year, workers in this factory get approximately 3 000 RMB monthly.

译文:每年的这个季节,这个厂的工人每个月大概能挣3 000元。

② His age is also about, uh, something between twenty and thirty.

译文:他的年纪,嗯,大概在二十岁到三十岁之间。

例句①使用范围变动语approximately的原因是说话人不想把数字说得太死,以免与事实有差距。因为任何工厂的工人都可能因为分工、劳动强度的不同,而收入有所不同;而例句②使用范围变动语about,是因为说话人对被描述的对象不了解,只能从其外表估计,无法提供准确数字。对于这两例中模糊限制语的翻译,采用直译的方法,就能取得与源语相同的交际效果。

(二)缓和型模糊限制语

缓和型模糊限制语是指那些不改变话语结构的原意,而用于补充说明整个话语的词语,其目的是使原来话语的语气趋向缓和,被缓和的内容是说话人自己或他人看法。这种缓和型模糊限制语也可以分为直接缓和语、间接缓和语两种。

1. 直接缓和语

直接缓和语常用来表示说话人对某事所作出的直接猜测,或者指说话人表示对某事物持有的犹豫态度。这类词语包括think、probably、as far as I can tell、seem、wonder、hard to say、believe、assume、suppose、afraid等,这些缓和语常与第一人称代词连用。翻译时,可对其作灵活处理,但无论怎么翻译,这些词语在译文中也不能影响主句的命题内容。

【例】

① Probably I will not come.

译文:我很有可能来不了。(Probably放在主语的后面译)

② I think you'd better go to the headmaster's office right now.

译文:我想,你最好还是现在就去校长办公室。(I think与主句分开译)

③ I'm afraid that you cannot use this book for the time being.

译文:恐怕您现在还不能使用这本书。(不译主语)

上例三句话中,说话人使用了缓和语probably、think、afraid,把不想将自己的意见强加于人的这一"会话含义"表达了出来。

2. 间接缓和语

间接缓和语主要用来表示他人的看法,而不表达说话人的态度、推测或犹豫等。然而,说话人通过这种间接的表述往往也带有自己对某事情的态度。在言语交际中,间接缓和语常常出现在话语结构中作为话语的依据或来源,以使话语更具客观性。它包括 according to one's estimate、as it is well known、the possibility would be…、someone says that…、presumably 等。

【例】

① According to his estimate, the economic growth rate will reach 8% next year.

译文:据他估计,明年的经济增长率可达 8%。

② There was presumably no acute decrease in heart rate.

译文:心律大概没有明显的下降。

间接缓和语的言语交际功能与直接缓和语的交际功能不尽相同。通过上两例的对比可以看出,直接缓和语来自说话人的主观估计,用推测来缓和话语所指的事情;而间接缓和语则通过一些有根据、有来源的说法去缓和话语所指的事情(如根据某人所说、依据某种信念或者书本知识等)。翻译这类词语,采用直译法即可,至于它们在译文中的位置,要视具体语境而定。

三、语用模糊翻译的策略

言语交际中,人们常常使用语用模糊来作为一种交际策略。其目的是使自己或交际双方受益。语用模糊及其模糊限制语的翻译,不一定能满足从形式到内容以至交际功能等各个层面的对等。因此,翻译语用模糊语或模糊限制语时,我们要采用适当的策略,以最大限度地再现其在原文中所表达的语用效果。

(一)对应策略

对应策略是指用目的语中表达相同意义的模糊限制语来翻译源语中的模糊限制语。由于英汉两种语言和文化的不同,自然也就有许多不同的语用模糊现象。如果译者能在目的语中找到同源语的模糊限制语相近或相同的意义,那么译者可以将这些相同的语用模糊现象进行直译。这样便可以保持源语中模糊限制语的形式和意境的对等。

【例】

A: When will we meet tomorrow?

B: About 9 o'clock.

译文：

A：我们明天什么时候见面？

B：大约九点。

上例中，B 的答语中使用了数量近似词 about，说明其对未来要发生的事情把握不定，所以不能给出准确的时间。译文采取对应策略，将 about 这一模糊限制语直译为"大约"，保持了与原文在意义上的对等。

【例】

这是未庄赛神的晚上。这晚上照例有一台戏，戏台左近，也照例有许多的赌摊。做戏的锣鼓，在阿 Q 耳朵里仿佛在十里之外。

译文：On that particular evening, Weizhuang was holding festivals in honor of its gods and, as was the custom, a dramatic performance was being offered. Near the stage were the customary and numerous gambling tables. The racket of the gongs of the play seemed to be ten Chinese miles away from Ah Q's ears.

上例摘自鲁迅的名著《阿 Q 正传》，原文使用的模糊语言"晚上""近""许多"分别直译为 evening、near、numerous 无须多讲。而对于原文中的"十里之外"这一特别的语用模糊现象，译者就需要注意了。在汉语中"十里"表达的是一个具体的数字单位，不是一个模糊的概念。但"十里之外"这个短语中的"之外"就表达了一种不确定性。译者采用对应策略，将其译成 ten Chinese miles away，较好地表达了原文的意图。首先，ten 对应汉语的"十"；其次，away 对应"之外"；重要的是用 Chinese miles 来表达"里"，这种模糊性就更加突出了。

【例】

当人类社会进入了 21 世纪，我们开始了一个全面建设小康社会和加速发展社会主义现代化建设的新阶段。

译文：As human society entered the 21st century, we started a new phase of development for building a well-off society in an all-round way and speeding up socialist modernization.

上例中，原文使用了"全面""小康"等模糊限制语。译文在处理这些模糊限制语时所采取的也是对应策略，将它们分别直译为 all-round 和 well-off，从而保持了与原文在意义上的一致。

（二）增补策略

增补策略是指在译出模糊限制语之后，增加别的成分，以帮助体现原文中的语用含义。如果该译文在目的语环境中过于模糊，就必须在译文中增加适当的成分，以帮助读者正确理解源语模糊语的语用含义。需要注意的是，增加成分并不等同于解释原文，也不是将原文的模糊直白化而破坏原文模糊的意境。

【例】

So in all aspects, young women are on the receiving end of the HIV, from drug users, from bisexual men, from any male carrying the virus where men are not as much at risk, about 1/4 the risk per sexual episode.

译文：所以，从各方面来讲，年轻妇女是接受艾滋病病毒的一方，从吸毒者那里、从双性恋者那里、从任何艾滋病病毒的男性携带者那里感染病毒。男人在这种情况下风险并不大，在性行为中，只有四分之一受感染的概率。

如果将例句中的模糊限制语 in all aspects 直译为"从各方面"，明显不符合汉语的表达习惯，读者会感觉缺少了什么。尽管这样并不妨碍主要意思的表达，但译文在"从各方面"之后，增补了"来讲"一词，整个译文话语就变得连贯起来了。这样既没有破坏原文的意境，也使原文中的模糊现象在译文中取得了相同的语用效果。

【例】

A：Do you know how long I have been waiting here?

B：No more than half an hour.

译文：

A：你知道我在这儿等了多久了吗？

B：不到半个小时嘛/吧。

原文 B 中的模糊限制语 no more than 被用来回应 A 的问话，显然是故意回避提供确切的信息。B 从 A 的话语中判断出 A 很生气，而 B 做出如此的回应，其意图是想缓和气氛，让 A 别那么生气。如果直接将 B 所使用的语用模糊的话语用对应策略翻译成"不到半小时"，虽然也可以表达一定的模糊性，但原文意图表达的语用含义却未能表达出来。而如果在其后添加一个语气助词"嘛"或者"吧"，就可以再现原文的风貌了。

【例】

我们要提倡顾全大局。

译文：We should advocate the spirit of taking the whole situation into consideration.

上例中，原文的"顾全大局"是一个模糊性词语，将其直译为 take the whole situation into consideration，不能完全表达整个话语的意思。如果在译文中添加一个抽象名词 the spirit of，则不仅没有破坏原话语的意思，反而使译文的意思更加连贯。

（三）省略策略

有时将原文中的模糊限制语翻译出来，反而在目的语读者看来有"画蛇添足"的感觉。不但原文模糊限制语的语用效果不能得到体现，还妨碍了整体含义的表达。面对这种情况，译者就必须仔细判断，大胆地省略影响整体意思表达的模糊限制语。但前提是不改变原文语境意图表达的意义。

【例】

中国人均二氧化碳排放比较低，还不到发达国家平均水平的三分之一。

译文：China's per-capita emission of carbon dioxide is quite low, less than one third of the average level of developed countries.

例句中的"还"与"不到"构成一个复合型的模糊限制语。这一词语的运用，使原文意图表达"中国的二氧化碳排放不应受到发达国家的批评和指责"的意思得以加强。此话语英译时，却找不到合适的词、短语或结构与"还不到"相对应。如果译成 still less than one third of the average level of developed countries 就不妥了，因为用了 still 就意味着"不够的话，就还要……"，与原文话语的意思不符，所以没有必要将"还"翻译过来。

【例】

This guy, his name was Briarly or Beardly or something…

译文：这个人，他的名字叫……布莱利还是布得利来着？

上例中，原文的模糊限制语 or something 用来替代类似 Briarly 和 Beardly 的名字。使用这一限制语，要么是说话人真的记不清这个人的名字；要么就是说话人认为这个人不好对付，因为 briar 的本义是荆棘，beard 的意思是胡须，都暗含带刺的意思。如果按照第一种意思将 or something 直译为"或者什么其他的"反而破坏了话语的连贯，影响了译文的表达。

【例】

王冕一路风餐露宿，90 里大站，70 里小站，一径来到山东济南府地方。

译文：Braving the wind and dew, Wang Mian travelled day after day past large posting stations and small, till he came to the city of Jinan.

在这个例句中，译者没有将 90 里和 70 里直接翻译成英文，因为在这里这两个中文短语直接对应的模糊意义表示的是距离，而在英语中并没有 ninety Chinese miles 和 seventy Chinese miles 这类型的用法，如果译者只是将原句词对词地翻译过去，译文将变得无法理解，现在虽然数字被忽略了，但译者依然成功地向目标语读者传递了足够的信息，并避免了可能出现的混淆。

(四)变动策略

对应策略在翻译的过程中往往被认为是理所当然的,因此经常被忽视;增补策略和省略策略因涉及源语和目的语在语法结构层面表达上的冲突,较引人注目。增补策略和省略策略的目的在于使话语的模糊语用效果得到彰显且又不妨碍主旨的表达。

然而,与上述三种策略不同,变动策略是译者根据原文的语境,既不采用对应策略直接翻译模糊限制语,也不增加或省略某些表达法,而是根据其对原文话语的理解来做一些变动,以更贴切地体现原文的语用含义。换言之,当我们不能使用上述三种策略的时候,便要采用灵活、变动的策略了。此时译者应该在理解好原文模糊语用含义的基础上,做出必要的修改,在目的语语境中找到相近、相似或者大体一致的表达方式,力求做到"神似而意达"。我们来看下面的例子。

【例】

① It has been calculated that AIDS makes hundreds of thousands of people ill every year in the world and kills a large number.

译文:据统计,艾滋病每年使世界上无数人生病,并导致无数人死亡。

② It is two and two makes four that the corporal punishment administered by the defendant was minimal, and not excessive.

译文:很明显,被告所施加的体罚属最低限度而未过当。

例①中,hundreds of thousands of people 和 a large number 都是模糊用语,译者将其译为"无数人",在汉语中形成排比结构,使原文的强烈的语气体现出来。例②中,It is two and two makes four 是确切语言,这里译作模糊语言"很明显"。

而将汉语译成英语,译者则在需要时以逻辑代替模糊,以分析代替朦胧,即以精确语言来译原文的模糊语言。我们再来看一个例子。

【例】

大批仁人志士,满腔悲愤,万种辛酸,想有所作为而不能为,真是英雄无用武之地。

译文:So many men and women with high ideals, worried and frustrated, wished to do something about it, only to find that, able as they were, they had no chance to carry out their ideals.

第六章

英语语篇学与翻译

内容摘要

语篇通常由一系列的言语或句子组成,在结构上具有衔接性和规律性,在意义上具有完整性。不同的语篇有不同的结构、主题、体裁等,翻译时需要译者对原文有更宏观的把握,因此难度更大。本章从英语语篇学研究的主要内容入手,在充分分析英语语篇衔接、连贯、句际关系和结构的基础上,引入语篇翻译理论与实践,并从中总结和介绍一些翻译的方法,希望对读者有所启发。

学习要点

➢ 英语语篇中的衔接、连贯、句际关系和语篇结构。
➢ 语篇的文本类型与不同的翻译标准。
➢ 对不同的语篇进行较合理的翻译。

第一节 语篇概述

语篇是指能够表达整体意义的任何一篇口头或书面文字，它可以很短，如由一个单词组成的"DANGER!"或"Thanks!"，也可以很长，如一部小说、一场辩论、一次演讲等。本章所述的语篇主要是较长的语篇或构成语篇的各个段落。一般来说，语篇学研究的主要内容包括衔接、连贯、句际关系和语篇结构。

一、衔接

语篇中的句子通常以某种方式联成一体，但并非所有句子的集合就能构成语篇。换句话说，构成语篇的句子之间存在某种逻辑上的联系，且这种联系是建立在语篇衔接的基础之上的。

衔接就是存在于语篇中并使之成为语篇意义之间的联系。语篇中的句子可以通过词汇或语法手段来连接，也可以只通过语义手段来连接。

（一）词汇衔接

词汇衔接指语篇中某些词语之间存在的语义联系，是语言语境的组成部分。词汇衔接的手段主要有指代词、连接词和其他词。

1. 指代词

指代词的作用是对文章中的人或事进行跟踪，包括人称、说明和比较三大类，见表 6-1。

表 6-1 指代词举例

人称词	说明词	比较词
he, him, his she, her, hers it, its we, us, ours they, them, their	this, that here, there these, those	the same, other similar, different equally, such, more

2. 连接词

英语语篇中有很多连词，包括顺序、因果、比较与对比、递加、列举与结果等，见表6-2。

表6-2 连接词举例

顺序词	因果词	比较与对比词	递加词	列举与结果词
first, second… finally then next now at this point lastly until then mean while previously in the end at once afterwards on another occasion next time before that at this moment later soon	conse quently therefore as a consequence though/although accordingly nevertheless because as a result despite of this so as even though however an effect of caused by stemmed from moreover otherwise in that case	however nevertheless instead in spite of this rather also differs from on the other hand elsewhere alternatively in that respect in other respects whereas on the contrary despite notwithstanding albeit aside from	furthermore as well besides while along with in addition also not only…but neither…nor additionally and moreover likewise	for example for instance as a result through therefore as these include for one thing thus accordingly consequently by way of illustration hence as a guide such as

3. 其他词

这里所说的其他词包括重复、上下义词、同义词、反义词、联系特殊与普遍的词、联系局部与整体的词以及按照固定的模式或联想习惯组合使用的词等，这些词汇的使用也能够使句子之间联系起来。

【例】

① Amy met a bear. The bear was bulgy.

译文：艾米遇到一头熊。这头熊胖鼓鼓的。（bear重复，使两句话有联系）

② She felt that it would be quite absurd for her to carry the pig any further. So she set the creature down.

译文：她感到再携这头猪往前走就太古怪了。于是她把这生灵放了下来。（pig与creature是上下义关系，人们看到creature就能够理解它指的就是上句中的pig，从而

第六章 英语语篇学与翻译

使两句话相联系）

③ I wish I hadn't cried so much! I shall be punished for it by being drowned in my own tears.

译文：真希望我没有哭得那么惨！我罪该淹死在自己的眼泪里。（cry 和 tears 相联系）

再如，在英语语篇中，一个童话故事如果以"once upon a time"开头，那么它的结尾往往是"they lived happily ever after"，这样使整篇文章首尾相联系。

（二）语法衔接

语篇中的语法衔接手段主要有连接、省略、替代和照应。

1. 连接

连接表示各种逻辑意义的连句手段就是连接。各种连接词语的使用有利于体现句子间的语义逻辑关系，人们甚至可以经前句从逻辑上预见后续句的语义。这种连接很多时候是通过连接词实现的。

【例】

① Though he was thought foolish, he stuck to his purpose, and finally achieved great accomplishments.

译文：虽然他不被看好，但他坚持自己的目标，并最终获得巨大的成就。

② The world is steadily becoming more and more over populated. In addition, the resources of the world are being gradually used up.

译文：世界人口不断增多，越来越过剩。更糟糕的是，世界上的资源也在逐渐枯竭。

③ The movements of these cycles are very much the same in a normal life, but the music must be provided by the individual himself.

译文：这些循环的乐章对于我们的生命都大同小异，但个人的乐曲须由自己去谱写。

2. 省略

省略是指把语言结构中的某个成分省去不提的衔接手段。省略可以避免重复，从而达到简练、紧凑的表达效果。被省略掉的成分通常可以从语境中找到，这样就使句子与句子之间形成了连接关系。一般来说，省略主要包括以下三类。

（1）名词性省略

省略了句中的某个名词。

【例】

Jack was apparently indignant, and left the room at once.

例句中 and 和 left 之间省略了做主语的 he。

（2）动词性省略

省略了句中的某个动词。

【例】

Reading makes a full man; conference a ready man; writing an exact man.

例句中 conference 和 a ready man 之间，以及 writing 和 an exact man 之间都省略了动词 makes。

（3）分句性省略

省略了句中的某个分句。

【例】

A：What does she mean by saying that?

B：I don't know for sure.

例句中的 know 后面省略了 what she means by saying that。

3. 替代

替代是指语篇中用代词或代动词来替换重复的部分。替代可以有效避免重复，并使上下文更加连贯。替代也包括三类，具体内容见表 6-3。

表 6-3　替代类型

替代类型	例　句	说　明
名词性替代	Jane needs a new bicycle. She's decided to buy one.	one 替代 a new bicycle
动词性替代	He never goes to bar at night, nor do his colleagues.	do 替代 goes to bar at night
分句性替代	People believe that Jane will win the first prize in the English Competition. John thinks so, but I believe not.	so 与 not 替代 Jane will win the first prize in the English Competition

4. 照应

照应是指某个词项无法自我解释，必须到其他地方寻求解释的现象。与替代所表达的同类关系不同，照应表达的是对等关系。换句话说，照应就是语篇中的一个语言成分与另一个语言成分互为解释。

【例】

Readers look for the topics of sentence to tell them what a whole passages is "about", if they feel that its sequence of topics focuses on a limited set of related topic, then they will feel they are moving through that passage from cumulatively coherent point of view.

本例中，they 的具体含义难以确定，必须首先找到 they 的指代对象，即与 they 形成照应的词语才可以确定。不难发现，与 they 形成照应关系的是 readers。

二、连贯

连贯是指语篇的组成成分之间的一种互相关联、互相影响的方式，或存在于不同句子所含的命题之间，或存在于话语的真正意图之间。连贯将一个个词语、句子连成更大的语义结构，在很大程度上影响和决定着篇章内容的紧凑性。

虽然语篇的衔接性与连贯性属于两个不同的概念，但两者在构成语篇时的关系却是非常紧密的。衔接侧重于语篇的有形网络，体现在语篇的表层结构上，即通过语法、词汇和篇章的手段表达语篇组成部分之间的显性关系；连贯侧重于语篇的无形网络，体现在语篇的深层结构上。

语篇的连贯性一方面通过篇章标示词（如连词和副词）来取得，更重要的一方面则取决于各概念或命题之间与主题的语义逻辑上的联系。译者只有透彻理解原文中看似相互独立、实为相互照应的句内、句间或段间关系，并在此基础上加以充分表达，才能传达原作的主旨。但由于衔接手段的不同，在英语中连贯的语篇模式在汉语中就可能有欠连贯。我们以培根《论读书》（*Of Studies*）的开篇一段及王佐良先生的优秀译文为例来进行体会。

【例】

Studies serve for delight, for ornament, and for ability. Their chief use for delight, is in privateness and retiring; for ornament, is in discourse; and for ability, is in the judgement and disposition of business.

译文：读书足以怡情、足以博彩、足以长才。其怡情也，最见于独处幽居之时；其博彩也，最见于高谈阔论之中；其长才也，最见于处世判事之际。

原文中照应（如代词 their 与名词 studies 的照应）、省略（如第二句后两个分句中 their chief use）以及连接关系（如 and 和分号的使用）是很明显的。而译文中这些关系形式并不明显，但整段话是非常连贯的。

总之，翻译语篇时可以借助衔接标记、信息的合理排列、语篇意向的感知来实现译文语篇的连贯。翻译时除充分利用篇章标示词外，还要特别注意吃透原文，理顺文字底层的联系，译于字里行间，并且要充分注意两种语言在谋篇布局方面的差异，努力再现原文语义结构上的连贯性。

三、句际关系

句际关系是指语篇句子与句子之间在结构上或意思上的联系。一般来说,句际关系主要包括以下几类。

(一)顺序关系

顺序关系是指两个或两个以上的句子根据动作或状态的先后发展顺序来排列。

【例】

All this time, the Guard was looking at her, first through a telescope, then through a microscope, and then through an opera glass. At last he said, "You are travelling the wrong way." and shut up the window and went away.

译文:警卫一直看着她,先通过望远镜,然后通过显微镜,再后来通过看戏用的小望远镜。最后,他说:"你走错了路。"然后关上窗走了。

(二)重复关系

重复关系是指一个句子的某些词汇或短语在后一个句子中被重复使用,两个句子之间就构成重复关系。一般来说,重复关系常常出于修辞的需要,如对某些内容进行突出、增强文章气势、加深读者的印象等。例如,美国著名黑人民权运动领袖马丁·路德·金的著名演说《我有一个梦想》(*I Have a Dream*)中的句子:

Go back to Mississippi, go back to Alabama, go back to South Carolina, go back to Georgia, go back to Louisiana, go back to the slums and ghettos of our northern cities, knowing that someday this situation can and will be changed. Let us not wallow in the valley of despair.

其中,六个 go back to 所构成的重复不仅充分表达出他为黑人争取自由和平等的决心,还使语意层层推进,发人深省、气势磅礴。

(三)并列关系

如果两个或两个以上的句子彼此之间互不从属,具有并列或同等的地位,且各自表示独立的意义,它们之间就是一种并列关系。从内容上来看,并列关系的句子常表示同时并存或客观存在的现象或事物,且多用来说明同一话题。因此,如果对这些句子的顺序进行调整,通常不会对段落、句组的意义带来影响。

【例】

There are many part-time jobs for college students who need money to help pay their bills. For students who enjoy talking to customers, sales jobs are ideal. Some people like to find their own customers, so they choose door-to-door sales of products ranging from beauty aids and ency-clopedias to vacuum cleaners. Other people prefer working in department stores, where customer finds them. Students who like being around people, but do not want to persuade them to buy anything, might prefer clerking in a grocery or discount store. Those who enjoy providing service to the public might prefer office jobs as secretaries, file clerks, or bookkeepers. And those who like to keep their surroundings clean and neat might find that being dishwashers, stockroom persons, or janitors fills their need for both money and job satisfaction.

本例中，作者首先对大学生的兼职工作分成了 sales jobs、office jobs、keeping clean and neat jobs 三类。然后，将 sales jobs 进一步细分为 door-to-door sales、department stores、clerking in grocery of discount store 三类；紧接着，通过列举来对 office jobs 和 keep clean and neat jobs 的内容进行充实。

总体来看，本例的内容虽然庞杂却条理清晰，主要原因在于各类句组之间与句组内部均为并列关系。

（四）分解关系

如果两句或两句以上的话是由一个并列句、复合句或并列复合句分解而来，各句中间用句号隔开，它们之间就形成了一种分解关系。

【例】

Mrs. Cox's favorite subject is literature, and her most exciting classes are those on the literature of Black Americans, for Mrs. Cox, like most of the students in her school, is Black.

上例是一个长句，我们可以将其分解为下面的两个独立单句：

Mrs. Cox's favorite subject is literature, and her most exciting classes are those on the literature of Black Americans.

For Mrs. Cox, like most of the students in her school, is Black.

分解后，各个单句的表意更加明确，单句之间的关系也更加清晰。

（五）转折关系

当句与句之间或者句组之间存在着语意由一个方向转向另一方向的关系时，它们之间就是一种转折关系，常用来表达对照、对比等含义。

【例】

Like the majority of Asian men, Sam is short and has a full-moon shaped face. His smooth white skin and small arms and feet made him look somewhat delicate. Moreover, he likes to wear formal and traditional clothes. In contrast to Sam, Peter who is his younger brother by eight years looks more like an American boxer. He is tall and big boned. His face is long and angular as a western character. Unlike Sam, Peter has strong feet and arms, and whereas Sam has smooth skin. In addition, Peter likes to wear causal T-shirts and jeans or sport clothes.

上例首先对 Sam 的外形、容貌、皮肤和衣着等进行描述，然后通过 in contrast to 进行转折，转而对 Peter 的外貌、衣着等特点进行描述。

（六）对应关系

在一个连贯句组中，当两个或两个以上句子的部分词语在概念上相互对应时，句子之间便形成一种对应关系。在通常情况下，词语衔接关系中的复现关系是建立对应关系的主要手段。

【例】

The man's face turned red with anger. He kicked the boy at the door angrily. The boy stopped laughing and got angry too.

上例包含三个句子，且这三个句子分别使用了 anger、angrily、angry 等三个单词。由于这三个单词具有概念上的相互对应关系，使这三句话之间也形成了一种对应关系。

（七）解释关系

如果后面的句子对前面的句子做出解释、引申、例证，则它们之间就存在一种解释关系。一般来说，经过解释之后，原文意义会更加具体、明了。

【例】

Lincoln had many personal qualities that made him dear to the hearts of his countrymen. He had infinite patience and tolerance for those who disagree with him. As President, he appointed men to high government positions whom he considered most capable, even though some of them openly scorned him. He was generous to his opponents. There are many stories about his thoughtful treatment of southern leaders. When the war was over, he showed the south no hatred. Since generosity toward a defeated opponent is admired by Americans, Lincoln fitted the national ideal of what is right.

本例第一句"Lincoln had many personal qualities that made him dear to the hearts of his countrymen."是主题句，后面的句子都通过事实来对这个句子进行证明。所以，第一句和后面句组之间的关系就是解释关系。

（八）分指关系

如果前一个句子中的某一成分与后面句子中的某一成分分别对同一现象或事物进行指称，则它们之间就是一种分指关系。一般来说，分指关系主要依靠词语衔接关系中的复现关系来建立。

【例】

Yesterday, a pigeon carried the first message from Pinhurst to Silbury. The bird covered the distance in three minutes.

本例共包含两个句子。其中，第一个句子中的 a pigeon 与第二个句子中的 the bird 指称的是同一个事物，因此这两个句子之间就是一种分指关系。

（九）因果关系

因果关系是指前后句子或句组之间存在原因与结果的关系。需要特别说明的是，虽然因果关系属于解释关系的范畴，但并不是所有的解释关系都是因果关系。

【例】

Increasing your vocabulary can help you in a number of ways. You will discover that knowing synonyms, for example, will decrease the amount of repetition in your compositions and make them more enjoyable to read. And if a teacher enjoys reading your paper, he may even give you a better grade. Also, an increased vocabulary will make your own reading more enjoyable. You will find it is much easier to follow the ideas in your history textbooks or the newspaper when you do not have to continually run to the dictionary to look up an unknown word. If you are not always stumbling over unfamiliar words, you will become more eager to read and not as discouraged when you do come across an unknown word. As a result, you will read faster and more intelligently, become more knowledgeable, hence you will be better informed about the world around you. Strange as it may seem, vocabulary study can make you a better learner.

本例采取了因果分析的方法，分别从以下两个角度来对词汇量增加的好处进行讨论。

（1）Synonyms decrease the amount of repetition in compositions.

（2）An increased vocabulary makes reading enjoyable.

在结尾处，运用 as a result 这一短语将结果总结为 a better learner。从整体上来看，从原因到结果的逻辑推理过程细致而完整，环环相扣，层层推进，论证有力。

总之，上述句际关系都是在理想化状况下进行的分析。在具体的语言实践中，有

语言学与英语翻译

的句子或句组之间仅有一种句际关系,而有的则存在着几种句际关系,因此并非九种句际关系可以涵盖。

四、语篇结构

语篇并不是随意地组合而成的,而是上下连贯、前后一致、有条理地组合而成的语言整体。语篇的交际功能不同,语篇的主题和内容也会有所差异,进而表现为不同的语篇结构,这些不同的语篇结构和表现形式又构成不同的体裁。

(一) 基本关系结构

为了实现不同的交际目的,语篇往往采取不同的句子连接方式。相应地,表现风格也呈现出多样性的特点。这里我们将大多数语篇经常使用的关系结构概括为以下几种。

1. 顺序关系结构

在采取顺序关系结构的语篇中,各个句子按事物的发展过程由先而后地进行排列。概括来说,这种关系结构包括以下四种。

(1) 过程顺序结构

当语篇需要对固定的操作程度或步骤进行说明、描述时,往往采取过程顺序结构。需要特别说明的是,如果将语篇中句子的顺序进行变动,则会引导逻辑上的混乱与语义的模糊。

(2) 时间关系结构

这种关系结构的语篇按照时间上的先后顺序来进行段落的组织,即一般按照人们的经历,先发生的事件置前,后发生的事件置后。

【例】

Mr. Smith gets up at half past six. He dresses, washes and goes out to do morning exercises. Then he has breakfast.

上述语篇很显然是按照动作发生的时间先后为序展开的,起床、穿衣服、洗漱、做早操、吃早饭,一系列的动作有明显的先后顺序。

(3) 空间关系结构

语篇的空间关系结构一般是将读者的注意力首先集中在某一点上,随后从那一点对人、物体或者场面进行描述,即按照空间次序来组织段落。这种描述和人们日常生活中对事物的观察是一致的,如从上到下、从一边到另一边、从远到近或者从近到远等。

(4) 逻辑关系结构

逻辑关系结构是指语篇以一定的逻辑顺序展开,如使用一些有逻辑关系的连接词语等。

【例】

First, boil the rice in well-salted water; drain it immediately. Next, warm the lightly buttered base of a small pie dish. You may now put the rice in the dish. Then add the cheese, tomato and onion. The pie is at last ready to be put in the oven.

上述语篇使用了 first、next、then、at last 等词，使得语句间的逻辑顺序关系更加明显。

2. 连环关系结构

连环关系结构与顺序关系结构存在相同之处，即它们都是从一个方面讲到另一个方面。但二者也存在差异，主要体现为：顺序关系结构是按一个方向发展的，有计划、有步骤地接近最终目标；而连环关系结构的发展方向则可能是曲折的，常常从某一连环处节外生枝发展开来。连环关系结构的叙述方向和目标往往不易预测，但其一环接一环，环环相扣的布局谋篇使得语篇结构紧凑、论述严密。

【例】

Smoking gives you bad health. That makes you unpopular. Unpopularity leads to loneliness. Loneliness drives you to smoke more heavily.

上述这一语篇就是连环关系结构，第二句的主语 that 代指第一句句末的 bad health，第三句的主语 unpopularity 与第二句末尾的 unpopular 形成照应，而第四句的主语 loneliness 又与第三句末尾的 loneliness 形成照应，这样各句之间环环相扣，使得语篇的结构更加紧凑，论述也更加严密。

3. 层次关系结构

层次关系结构是指语篇中的句子层次分明，上下照应。这种结构的语篇通常由几个层次的句子组成，并且有一个核心句或是主题句把各个不同层次的语句贯穿起来。

The tape recorder is useful in many ways. Through the machine, we can listen to music and enjoy ourselves when we are alone. When we hold a dancing party, the tape recorder is surely the best choice since a band is always expensive. We can also record our words and send the tape to our relative and friends. For us students, the most important use of a tape recorder is that it helps us practice speaking and listening when learning a foreign language.

本例中，"The tape recorder is useful in many ways." 为主题句，其余四个句子分别从"听音乐""开舞会""联络亲友""学习外语"四个角度对主题句展开说明。

在层次关系结构中，有的除了有主题句外，还有总结句。总结句通常位于全段的末尾，是对全段内容的归纳总结。

4. 相容关系结构

相容是指有关的事情"相提并论",语篇的相容关系结构主要表现为构成语篇的语句间的对比关系和匹配关系。为了使语句间的对比关系或匹配关系更为明显,我们可以适当地使用一些逻辑联系语和连接词,如 on the other hand、incontrast 等。

【例】

① The ordinary hand drill is not easy to use; this electric type is something any novice can handle.

② The ordinary saw is not easy to use; a plane demands years of practice.

例①中两句话之间存在着对比关系。前一句说明"普通的手钻不易操作",后一句则说明"电钻即使是新手也能操作"。例②中两句话就构成匹配关系,前一句的意思是"普通拉锯不容易操作",后一句的意思是"学会使用刨子也需要花上几年的时间"。

5. 一般-特殊关系结构

语篇中的一般-特殊关系结构有两种形式:一种是语篇叙述从一般情况出发,然后讨论特殊情况,即从一般到特殊;另一种是从特殊情况出发,然后讨论一般情况,即从特殊到一般。

【例】

Working in wood calls for great manual skill. The ordinary household saw itself is not easy to handle.

上例各语句之间形成的关系结构是由一般到特殊。作者先说明伐木工作对技巧要求很高,接着具体说明"即使一般的家用拉锯也很难操作"。上述语篇同样也可以改写为由特殊到一般的关系结构。

【例】

The ordinary household saw is not easy to use. In fact, any sort of woodwork calls for great manual skill.

如果我们想要突出语篇中的一般-特殊关系,可以在表示一般和特殊关系的句子之间插入一些逻辑联系语或连接词。例如,下面的例句中的连接词可以有多种选择。

【例】

Many of the audience became openly hostile. For example/Thus/Even/Indeed my uncle wrote a letter to the management next day.

6. 平衡关系结构

平衡关系结构是指构成语篇的句子以平衡方式排列,这些语句在层次上是平等的,没有先后之别;各语句围绕主题的某个侧面展开叙述。平衡关系结构的语篇的句子结构大体相同，总体上呈现一种平衡关系。但在表意上，常常采取对比手段；或两种相反事物对比，或同一事物两个对立方面对比，正反兼说，互相映衬，前后呼应。

【例】

For a spring break, Cumbria is hard to beat. There is of course a strong risk of bad weather during the early months of the year. On the other hand, the early tourist is rewarded by empty roads and the feeling that he has the countryside to himself. Not all the hotels are open, it is true, and you may be obliged to drive on to the next village. But this is well offset by the welcome that awaits you in a guest house where you may turn out to be the only resident. Early visitors to Cumbria rarely regret their initiative.

上述语篇通过平衡关系陈述了早春季节到卡布里亚旅游的利与弊："卡布里亚是春游的好地方"但"有坏天气的风险"；"道路通畅与乡村美景"但"并非所有旅馆都开业"；"驱车到下一个村庄投宿，旅馆热情款待"且"早去的旅客很少后悔"。

这个例子的前一句和后一句共同说明一个问题——到卡布里亚旅游是一件美好的事。可见，作者以平衡结构布局谋篇，通过对比照应方法来突出语篇的主旨，增加了说服力。

（二）宏观关系结构

1. 语篇的构成

虽然语篇的组织形式会因语篇风格、使用范围等的差异而有所变化，但是，一个完整的语篇通常都由开头、中间、结尾等部分构成。不同类型的语篇通常会有不同结构形式的开头、中间、结尾等部分。例如，书信的开头包括称呼、问候语，结尾有落款和日期等。

2. 语篇的类型

一直以来，对于语篇类型的划分存在着多种模式和标准。不同的语言学派别也有各自的语篇类型划分。因为存在交叉重叠现象，所以语篇类型的划分并不容易。不同的语言学家采用不同的划分标准，下面介绍几种常见的划分方法。

依据交际过程中的中心内容，James L.Kinneavy 将语篇划分为以作者为中心的表达类语篇、以读者为中心的说服类语篇、以话题为中心的参考类语篇和文学类语篇。

McCarthy 认为读者在阅读语篇时就可以识别语篇类型，一些类型规律地出现在一些书面材料中。最常见的语篇类型包括：问题 - 解决型语篇、提问 - 回答型语篇、演绎型语篇、主张 - 反主张型语篇、叙述型语篇和嵌入型语篇。

在《语篇与译者》（*Discourse and the Translator*）一书中 Hatim 和 Mason 提出一种

语篇分类法，其包含三种主要语篇：议论语篇、指导语篇和说明语篇。议论语篇进一步分为正面议论和反面议论；指导语篇进一步分为可选择指导和不可选择指导；说明语篇细分为概念说明、记叙和描写。这种语篇分类模式向我们展示了语篇类型具有多功能的特点。

De Beaugrande 和 Dressler 提出建立语篇类型学的重要意义在于为人们建立一个编码和解码语篇的应用基础。之后，De Beaugrande 总结出五类基本语篇类型，即记叙、描写、指导、说明和议论。

德国功能主义学派的 Reiss，在语言交际功能的基础上，将语篇的模式称为文本，并认为其可分为表情型文本、信息型文本和感召型文本三种类型。

第二节 语篇的翻译

翻译语篇时，既要分析清楚句子的衔接与连贯，又要分析句际关系，然后通篇考虑语篇的结构、体裁等遵照原语作者的意图和语篇的逻辑推进层次进行译文的构建。如果缺乏这种意识，就可能出现译文与原文句句对应却难以成篇的现象。

一、语篇翻译过程中应该注意的问题

这里总结一些翻译语篇时应注意的要点问题。

（一）合理的逻辑

合理的逻辑是指要分析清楚原文的逻辑关系，因此使译文也有合理的逻辑。

【例】

Discipline means choices. Every time you say yes to a goal or objective, you say no to many more. Every prize has its price.The prize is the yes; the price is the no.

译文一：纪律就是说它有选择性，每当你肯定一个目标或对象的时候，你同时也否定了更多的目标。每种奖励都有它的代价，肯定的是奖励，否定的是代价。

译文二：自律意味着有取有舍。每当你选取了一个目标，也就同时舍弃了其他许多目标。每项收获都要付出代价，所选取的就是收获，所舍弃的就是代价。

从语篇层次上看，原文的逻辑是按照 choices-yes-no 的主线展开的，而译文一缺乏清楚的逻辑推进层次，造成意义上的模糊。译文二按照"有取有舍 - 选取 - 舍弃 -

所选取的-所舍弃的"主线展开，逻辑关系十分清楚。

【例】

Many people in industry and the services, who have practical experience of noise, regard any investigation of this question as a waste of time; they are not prepared even to admit the possibility that noise affects people. On the other hand, those who dislike noise will sometimes use most inadequate evidence to support their pleas for a quieter society.

译文一：在工业部门工作和在部队服役的许多人对噪音都有实际的体会，他们认为对于噪音问题进行任何研究均是浪费时间，他们甚至不愿意承认噪音对人体有影响。另一方面，那些不喜欢噪音的人有时会用很不适当的证据来支持他们希望有一个较为安静的社会环境的要求。

译文二：在工业部门工作和在部队服役的许多人对噪音都有切身的体会，然而这些人认为对于噪音问题的研究纯属浪费时间，他们甚至不愿意承认噪音对人体有任何影响。另一方面，那些不喜欢噪音的人在要求安静的社会环境时，使用的证据却极不恰当。

上例原文反映的是噪音研究中的尴尬：真正生活在噪音中的人已经对噪音习以为常，因此不支持噪音危害人体的说法；支持这一说法的人又无法提供合理的证据。总之，两种人都没有对噪音危害提供证据。从逻辑关系上看，这里讲的是同一个问题的两个方面，这一点在译文一中没有得到清楚的体现。

【例】

Human beings are capable of acting from purely unselfish motives: we can be genuinely sorry for others and try to share in their troubles in an effort to offer comfort. It is unlikely that a chimpanzee acts from feelings quite like these; I doubt whether even members of one family, united as they are by strong mutual affection, are ever motivated by pure altruism in their dealings with one another.（Jane van Lawick-Goodall: *In the Shadow of Man*）

译文一：人类的安抚行为可能毫无私心，我们可能真正为某人难过，而想努力给予安慰、为他分忧。而黑猩猩的安抚行为不可能出于这种感情。虽然它们有强烈的相互感情联系，但我怀疑，它们同一个家庭的成员们，在它们相处时，是否总是受到利他主义的激发。

译文二：在发出安慰行为时，人类的动机可以是毫不利己的：我们努力地安慰别人，是因为我们真心地为他们感到难过，希望与他们分忧。而黑猩猩的安慰行为不可能出于这种感受。我认为，即使是在感情联系十分强烈的家庭成员之间，纯粹利他的行为动机也是不存在的。

上例中原文的逻辑是一种对比的关系：黑猩猩的行为不可能出于利他主义的动机，

人类则可以，译文一没有清楚地表现出这一对比关系。

下面我们再看几个例子，比较两种译文逻辑关系的合理性。

【例】

Where there is willingness and intelligence, there is a place within the company to try and to succeed. In Japan, a person's capabilities are not forced into an inflexible specialty. And we feel the company owes a worker something for loyalty and commitment.（Yoshio Terasawa: *Japanese Style in Decision-Making*）

译文一：只要有抱负和才智，在公司内部就有施展抱负和取得成功的地方。在日本，并不硬把一个人的能力限制在一个固定的专业上。我们只感到公司对他的忠诚和献身欠了恩情。

译文二：在日本，公司不会把一个人的能力限制在一个固定的专业上，只要有抱负和才智，就一定会在公司内部找到施展抱负和取得成功的地方，因为我们感到，公司应该对员工的忠诚和奉献做出回报。

【例】

A sense of humor helps keep things in perspective, and that is the key. Parents who can perceive the difference between important issues and trivial ones will be able to guide their children through the teen years with far less storm and stress than they expected.

译文一：幽默感常常能使局势柳暗花明，而这正是关键所在。能够看清重要事情和细微小事之区别的父母，就能在比他们料想的更少的风暴和紧张中，引导孩子度过青春期。

译文二：幽默感有助于人们在看待事物时保持清醒的头脑，而这正是关键所在。做父母的都认为引导孩子度过青春期是一个紧张的、充满风暴的过程，但只要他们能够分清事情的主次大小，这个过程就会轻松得多。

由此看来，分析原文中句子之间的逻辑关系是语篇翻译中首先要注意的问题，否则不仅不能清楚地转译，还可能曲解了原文。

（二）语序的调整

根据语篇的需要，译者有时需要进行语序的调整，使逻辑的安排更为紧凑和连贯。

【例】

Before long, plastic may transform its image from eco-villain to environment hero, thanks to "smart" plastics now in development. These could allow vehicles to eliminate ozone-depending emissions and help windows store and make use of the sun's heat. Perhaps by then, the name itself will morph from a pejorative jab into a genuine compliment.（*The*

Molding of the World, from *Time*）

译文：目前，"智能"塑料正在开发之中，这种材料不仅能消除汽车排放的破坏臭氧的废气，还可以让窗户储存和利用太阳的热量。不久的将来，塑料的形象将从生态魔鬼摇身一变为环保英雄。也许到那时，"塑料"一词的含义将从恶意的挖苦转成真正的赞美。

从语篇的角度来看，这个段落构成的逻辑是一种因果关系：因为"智能"塑料的开发，塑料的形象将从反面转向正面。按照汉语先因后果的思维习惯，译文对语序进行了适当的调整，将原因提到前面，使这种因果关系更加清晰。

【例】

"In Dubai, it is unusual to find a family that keeps animals, whereas back home we never thought twice before adopting a cat or dog. It's not just that laws are strict here, but people in general appear to have little time and inclination towards pets-keeping. I cannot imagine how a child can grow without knowing the joy of having a dog to cuddle!"

译文："在我的国家，人们总是毫不犹豫地收养无家可归的猫狗们。可是在迪拜，你却很难发现养宠物的家庭。原因不仅仅是相关法律较为严格，更主要的是，这里的人对养宠物既没有时间也没有兴趣。我很难想象在孩子的成长过程中，怎么能缺少和小狗一起嬉戏的乐趣。"

译文通过调整语序，将现象和引起这种现象的原因放在一起，从中文的角度来说，这种语序安排使逻辑更加紧凑。

（三）段落的安排

一般来说，语篇翻译只需按原文的段落层次进行即可。但是，英汉行文习惯不同，按原文的段落层次翻译有时不符合汉语的行文习惯。在这种情况下，翻译时，有必要对原文的段落层次划分作拆分或合并的处理。

【例】

He was a little man, barely five feet tall, with a narrow chest and one shoulder higher than the other and he was thin almost to emaciation. He had a crooked nose, but a fine brow and his colour was fresh. His eyes, though small, were blue, lively and penetrating. He carried his three-cornered hat under his arm and in his hand a gold-headed cane. He walked everyday, rain or fine, for exactly one hour, but if the weather was threatening, his servant walked behind him with a big umbrella.

译文：他个头矮小，长不过五尺，瘦骨嶙峋，身板细窄，且一肩高一肩低。他长着一副鹰钩鼻子，眉目还算清秀，气色也还好，一双蓝眼睛不大，却迥然有神。

他腋下夹顶三角帽,手上挂根金头拐杖,天天散步一小时,风雨无阻。当然落雨下雪时自有仆人亦步亦趋,为他撑伞。

译文对原文进行了分段处理,将"他"的外貌描写作为一段,将"他"的行为描写作为另一段进行处理,显得层次分明,条理清楚。

【例】

A spirited discussion springs up between a young girl who insists that women have outgrown the jump-on-the-chair-at-the-sight-of-a-mouse era and a colonel who says that they haven't.

"A woman's unfailing reaction in any crisis," the colonel says, "is to scream. And while a man may feel like it, he has that ounce more of nerve control than a woman has. And the last ounce is what counts."

译文:这时一位年轻的女士同一位上校展开了激烈的辩论。她坚持说妇女已有很大进步,不再像过去那样一见到老鼠就吓得跳起来了。上校则认为变化还没那么大。他说"妇女一遇危机情况必然是高声尖叫,男人虽然也会想要叫,但和妇女比起来他的胆量大那么一点,能够控制住自己,而这大出来的一点胆量却是极其重要的。"

比较一下原文和译文,会发现译文的段落更为紧凑、合理,营造了连接紧密、贯通一致的效果。

从一般意义而言,原文层次与层次之间关系的密切程度是段落分合的重要依据,而译文的行文习惯则是对原文段落拆分或合并的参考因素。当然,翻译不宜妄改原文的结构形式,对原文的段落进行拆分、合并只能偶尔为之,且须有理有据,适度有序。

(四)语篇的重构

译者对译文语篇的重构类似于作者的原文创作,需要综合考虑多种因素。我们知道任何一种语言的语篇所表达的意义或信息均是由无数信息单元组成的,并且这些单元有主次之分。另一方面,由于不同语言的语篇构建模式不同,翻译中,译文往往不能对原文语篇意义和信息做到百分之百地再现,而是有所遗失。在此情形下,翻译所要解决的问题就是如何将"信息的丢失"减少到最低程度。为此,当不能同时保证源语语篇包含的所有信息的传递时,则不惜舍弃次要信息,以传达主要信息。这样,在语篇翻译过程中,译者就自然地始终把视点投射到整个语篇的宏观题旨,而非一词一句的形式对应上。

具体来说,译者必须着眼于整个语篇宏观题旨的传译,对在译文语篇中难以传译的、原文中承载的非重要信息的语词、结构进行删减、分合、重组等调整,以突显语篇的主要信息。实现这一目的有两条规则可循:一是对原文语篇的构建模式、衔接方式按译文语篇的构建特征作相应的调整；二是对因文化差异较大而造成读者理解上"阻滞点"的表达法和结构做出调整。

【例】

一流大学，首先是教学、科研水平达到世界一流，但能否想象，到那时（2011年）我校两万多名师生员工还敲着饭碗，拿着饭票，排着长队买饭呢？我看是不行的。这就给我们提出了一个问题：清华大学要建成世界一流大学，我们后勤怎么办？我们饮食中心怎么办？

译文：If Tsinghua is turned into a first-class university, not only should its academic level live up to the standard, but also its catering services. You cannot imagine about 20,000 staff and students are still lining up in the queue for meals in canteens by the year 2011. Therefore, the issue of how to improve our catering services should be put on the top of the agenda.

上例汉语语篇的主题或中心信息就是"一流大学不仅教学、科研要达到世界一流，其后勤服务也必须是一流的"。但这一主题在语篇中并未直接表明，不过读者却不难通过"观象"——"敲着饭碗，拿着饭票，排着长队"而得出结论：清华大学的后勤目前不是一流的，那么，该怎么办？

在将这一语篇译成英语时，由于源语和目的语语篇构建模式的不同，为了保证主题信息的传递，实现译文语篇的顺畅，需要按照英语语篇的构建特征将其做显性处理，提炼主题句，并将其置于语篇的突出位置。

另外，英语译文删去了"敲着饭碗，拿着饭票"这句话，这是何故呢？我们分析其原因有三：一是这一语句表达的信息不是语篇的重点，删除它对主要信息的传达不会产生较大影响；汉语作者和英语读者的认知环境不同，英语读者并不能将这句话与"世界一流大学的后勤服务"联系到一起，也就是说，"敲着饭碗，拿着饭票"构成了英文读者理解上的"阻滞点"，为了使其对汉语语篇有正确的认知和解读，译者采取了灵活变通的手法，进行语用调整，以获得较佳的效果。

总之，一个译者在翻译时一定要有语篇意识，站到语篇的高度来看问题。语篇意识能够使我们的视野更加开阔，思路更加清晰和灵活，使我们摆脱在词句层面上过于纠缠的心理，清楚地意识到翻译不是字词、句子的对译，而是对整篇甚至整部作品的意义传递。

二、文本类型与翻译

文本类型是一种特定的语篇模式，这种特定性是为了实现某种修辞和交际的目的。Hatim和Mason认为，文本类型是一个概念框架，这个框架的存在使我们能够根据交际的意图对文本进行归类。

在语言交际功能的基础上,德国功能主义学派的 Reiss 构建了文本类型学理论,对文本功能、文本类型和翻译方法之间的关系进行了系统性的分析和总结。

(一) 文本类型的划分

根据不同交际场合中不同文本特定的交际目的,Reiss 将文本分为三大类型:表情型文本、信息型文本和感召型文本。

1. 表情型文本

表情型文本是创造性的写作,用艺术的形式来表现内容。表情型文本的目的是表情达意,作者独特的语言形式与内容具有同等的意义。这一文本类型重视原作者的权威地位,读者的反应不是译者考虑的重点。典型的表情型文本包括:①严肃的文学作品,如诗歌、散文、小说、戏剧等;②权威性言论,如政治演说等;③自传、私人信函等。

2. 信息型文本

信息型文本是对事实和事物的表述,包括新闻、知识、信息、论述、观点、情绪、判断和意图等,强调信息的真实性和语言外部的现实。信息型文本的涵盖范围十分广泛,涉及众多的非文学作品,包括商务信函、科技文章、使用说明、对象清单、新闻报道、会议记录、公文和条约等。

3. 感召型文本

感召型文本具有明确的视角和目的,重点在于引发受众的特定反应或行为。这类文本主要包括广告、宣传和通知等。

(二) 文本的翻译标准

功能主义翻译理论将翻译视为目的性的行为,强调译文预期功能的实现,从而推出了一种非规定式的翻译模式。也就是说,翻译标准不是绝对的,而是相对的,译者也由此获得了某种权力,可以根据翻译的目的来选择灵活可行的翻译策略。简单来说,不同文本类型的翻译应该有不同的翻译标准和翻译方法。表情型文本侧重形式,译者需要努力贴近原作者的视角,尽量保持原文的形式和风格;信息型文本侧重内容,概念内容的完整性和真实性是第一位的,因此,必要的时候,译者可以在形式上做出一定程度的让步;感召型文本侧重效果,译者需要充分考虑读者的反应,为了直接达到预期的效果,甚至可以对语言形式进行再造。

根据 Munday 的归纳，文本类型和对应的翻译标准如表 6-4 所示。

表 6-4 文本类型和对应的翻译标准

项 目	信息型文本	表情型文本	感召型文本
语言功能	表述事物或事实	传达作者的态度	影响文本的接受者
语言特点	逻辑性	美学性	互动性
文本重点	内容	形式	效果
译文目的	传递其内容	表现其美学形式	激发所期望的反应
翻译标准	平铺直叙，行文清晰、明确	仿效原作者，采用原作者的视角	编译，等效

（三）译前分析

译前分析是指在翻译活动开始之前，译者从宏观上分析并判断文本类型，确定文本的功能和目的。译前分析十分必要，对于翻译工作来说可谓"磨刀不误砍柴工"。Sager 指出，成熟的读者有识别文本的能力，对于不同的文本，读者已经有固定的特征期待，译者不能忽视这些期待。译前分析的目的就是通过对比、分析原文和译文的文本特征，决定是否需要调整以及如何调整。

根据 Colina 的模式，我们将译前分析归纳为两个步骤：第一步是分析原文的哪些特征显示了文本类型，决定这些特征在译文中是否能构成同样的文本类型；第二步是决定哪些因素适合翻译目的的需要，哪些因素需要做改变，要达到这些目的，需要采取什么样的具体方法。下面我们结合一个具体的例子来说明。

【例】

The Flowers of War is the second Chinese film that grapples with Nanjing to be released stateside this year. The other, Lu Chuan's superb City of Life and Death, made its horrors resonate thanks to its restrained, humanistic approach. Far less successfully, The Flowers of War takes the opposite tack, as Zhang indulges in showy camerawork and melodramatic slow motion that punctuates every opulent burst of blood spurting from a bullet wound.

With City of Life and Death, you felt immersed in a hellish nightmare, a fitting way to memorialize a horrendous historical event. With The Flowers of War, Zhang mostly just proves that there's no tragedy too terrible that it can't be turned into an operatic pageant——human suffering reduced to visual showmanship.（Tim Griersonde: *Nanjing Massacre as*

Showstopper)

这个段落摘自《金陵十三钗》的影评,属于表情型文本。影评中形容词和副词的使用较频繁,风格一般都比较尖锐和犀利,译者应特别注意整篇评论的基调,尽量贴近原作者的立场,谨慎择词,不要歪曲任何一个关键词的意义。为了忠实于原文的思想内容,翻译时必须正确理解原作者的基本立场和观点,然后选用适当的语言手段来加以表达。

译文:近年美国上演了两部以南京为背景的中国影片。第一部是陆川的《南京!南京!》,是一部非常优秀的片子,其控制的处理、人性的角度,传递了恐怖。《金陵十三钗》反其道而行之,极尽奢华的摄影,矫情的慢镜头,枪伤中涌出的是华丽的血,结果成为一个败笔。

《南京!南京!》将人带入地狱般的梦魇,对于一段残酷的历史,这正是一种合理的切入。而《金陵十三钗》所证明的是,无论多么可怕的悲剧,都可以在张艺谋导演的诠释中演变为盛装游行:人类的苦难也被简化成炫目的表演。

翻译时,明确作者的观点也是译前分析的重要内容。需要注意的是,在信息型文本和感召型文本的翻译中,为了实现翻译的功能,译者可以,有时甚至必须对原文的形式进行调整。由此也引发了一个争议性的问题:译文可不可以超越原文?回答这个问题仍然不能脱离翻译的目的,在实用文本的翻译中,如果原文语言粗糙、逻辑混乱、意义不清,那么为了保证交际的有效性,译者有责任去纠正原文的问题。

(四)不同文本的翻译

1. 诗歌的翻译

诗歌属于表情型文本,根据前文的翻译标准,我们以狄更斯小说《大卫·科波菲尔》第 22 章中的一首诗为例来看一下该如何翻译。

【例】

> I love my love with an E, because she is enticing;
> I hate her with an E, because she is engaged.
> I took her to the sign of the exquisite,
> and treated her with an elopement,
> her name is Emily, and she lives in the east?

首先分析,这是一首英文打油诗,风格简洁、明快,原文全部运用嵌入句,即每一小句最后一个单词都是以同一字母 E 开头,读起来朗朗上口。

译文一:

> 我爱我的爱人为了一个 E,因为她是 enticing(迷人的);

我恨我的爱人为了一个 E，因为她是 engaged（订了婚的）。

我用我的爱人象征 Exquisite（美妙），

我劝我的爱人从事 Elopement（私奔），

她的名字是 Emily（爱米丽），

她的住处在 East（东方）？

译文一虽然翻译出了原诗的命题意义，却没有传达源语文本的艺术形式。我们知道，文学之所以成为文学，就在于其审美价值，而文学作品的审美价值除了要有意美，还要形美、音美。要做到这些，译者就不得不充分关注原文语篇的语言形式特征以及在译文语篇中的适切表达。但另一方面，强调原文的艺术形式不意味着可以不忠实原文的内容而天马行空，因为要"求真"。用这两个标准来评判译文，不难看出，译文一虽然在传递原诗的内容上可圈可点，但在再现其艺术形式方面却完全失败。

译文二：

我爱我的所爱，因为她长得实在招人爱。

我恨我的所爱，因为她不回报我的爱。

我带着她到挂着浮荡子招牌的一家，和她谈情说爱。

我请她看一出潜逃私奔，为的是我和她能长久你亲我爱。

她的名儿叫爱米丽，她的家住在爱仁里。

译文二比较充分地体现了原文的形式特征，但在内容方面却与原诗偏离过大：如"不回报我的爱""挂着浮荡子招牌""住在爱仁里"都是原文所没有的。犯了内容上"失真"的错误。

译文三：

我爱我的爱人，因为她很迷人；

我恨我的爱人，因已许配他人；

他在我心中是美人，我带她私奔，以避开外人；

她名叫虞美人，是东方丽人。

译文三在形式上较译文二更胜一筹，因为它基本上做到了所有的诗行都以同一个"人"字结尾，从而再现了原文的艺术魅力；在内容上也较译文二更为忠实原文，只有最后一行与原文偏离较大："虞美人"用得不恰当，容易让读者误以为"她"嫁给了中国古代的项羽；此外，"东方丽人"也容易让人误以为她是一名亚洲的美人。

译文四：

吾爱吾爱，因伊可爱；

吾恨吾爱，因伊另有可爱；

吾视吾爱，神圣之爱；

> 吾携吾爱，私逃为爱；
> 吾爱名爱米丽，吾东方之爱。

译文四无论是形式还是内容都基本传递了原文，但使用了汉语的文言体，显然在风格上与原文明快、自然的打油诗风格不符。

译文五：

> 我爱我的那个"丽"，可爱迷人有魅力；
> 我恨我的那个"丽"，要和他人结伉俪；
> 她文雅大方又美丽，和我出逃去游历；
> 她芳名就叫爱米丽，家住东方人俏丽。

译文五不仅在形式上完全再现了原诗的特征，而且在"概念意义"的表达方面也较除译文一外其他几个译本更忠实，因此，综合来看译文五是最成功的翻译了。

要想在译文中表现出原语作家驾驭语言的本领，确实不那么容易。但原语作家大多还是可以理解、可以翻译的，关键要看译者是否具有驾驭原语和目的语的本领。我们再来看一则汉译英的例子。

李白的《静夜思》是独具风格的一首诗。在李白看来，"怀乡"之情，凡人皆有，从达官贵人到山野村夫，都借自己的怀乡之情揭示人生的悲欢离合，在人世间引起共鸣。所以诗人贵在述志为本，不用华章彩句，而是从口语体中信手拈来；这样一来，风格得体，平淡中见真奇。这首诗的翻译版本众多，有的耐人寻味，有的却味同嚼蜡。

【例】

静夜思

李白

床前明月光，

疑是地上霜。

举头望明月，

低头思故乡。

译文 一：

I saw the moonlight before my couch,

And wondered if it were not the frost on the ground.

I raised my head and looked out on the mountain moon,

I bowed my head and thought of my far off home.

这个版本的译文出自外国一位汉学家之手，把《静夜思》的意思译得很完整，但原文为一首五言绝句，译文全不讲究音韵，用词又过于烦琐，读起来不像诗，倒像是给诗歌做的注释。西方认为，诗歌的韵律有三大要素：节奏、音步和韵脚。有人说"节奏是诗歌的基本力量之所在"，因此，不讲究节奏和格律的诗歌译本，使诗体的基本风格丧失殆尽，是不可取的。再来看我国一位翻译家，力求保持原诗的体裁，作了大胆的翻译尝试。

译文二：

A bed, I see a silver light,

I wonder if it's frost aground.

Looking up, I find the moon bright;

Bowing, in homesickness I'm drowned.

译文用了工整的四步抑扬格，文字简洁多了，也押了韵，格律工整的风格保存了下来，意境也有了。就语言风格而言，最后一行译文辞藻似过于华丽，有损平淡见真奇的古朴风格。因此个别词语还有待商榷。我们再来看一位精通英汉双语的学者的试笔之作。

译文三：

Moonlight before my bed.

Could it be frost instead?

Head up, I watch the moon.

Head down, I think of home.

这则译诗用的是三步抑扬格，结合五绝的平仄，大致为三个节拍，韵律几乎一样。译诗押的是英雄双韵体，即英诗中最通俗的韵脚。再看全诗，无一"big word"，平淡的语言风格也保存下来了。最后两行保留了原来的对仗。可以说"意""音""形"大致相当，足见译者驾驭两种语言能力之强。这首译诗较好，在于它真正体现了平淡见真奇的语言风格，而风格的表现又是译者真正领会到全诗的意境才能做到的。

知识链接

英雄双韵体

英雄双韵体是一种英国古典诗体，由十音节双韵诗体演化而来，每行五个音步，每个音步有两个音节，第一个是轻音，第二个是重音。句式均衡、整齐、准确、简洁、考究。英雄双韵体由第一位桂冠诗人约翰·德莱顿首创并命名，且领导了英国17至18世纪的诗风。英雄双韵体的发展和形成经历了很长时间，到德莱顿时基本定型，文学评论界对英雄双韵体的界定是有严格定义的。一般来说需满足以下四个条件。

(1) 音步抑扬格。
(2) 押尾韵对偶句。
(3) 韵尾不重复。
(4) 风格简洁。

2. 演讲词的翻译

演讲词也属于表情型文本，下面是乔治·布什 2002 年关于巴勒斯坦和以色列问题的演讲。请读者结合译文体会其翻译的技巧。

【例】

For too long, the citizens of the Middle East have lived in the midst of death and fear. The hatred of a few holds the hopes of many hostage. The forces of extremism and terror are attempting to kill progress and peace by killing the innocent. And this casts a dark shadow over an entire region. For the sake of all humanity, things must, change in the Middle East. I can understand the deep anger and anguish of the Israeli people. You've lived too long with fear and funerals, having to avoid markets and public transportation, and forced to put armed guards in kindergarten classrooms. I can understand the deep anger and despair of the Palestinian people. For decades you've been treated as pawns in the Middle East conflict. Your interests have been held hostage to a comprehensive peace agreement that never seems to come, as your lives get worse year by year.

译文：长期以来，中东的人民一直生活在死亡和恐怖的阴影之下，少数人的仇恨摧毁了多数人的希望。极端分子和恐怖分子滥杀无辜，企图以此来阻挡和平进程，这使整个地区笼罩上黑色的阴影。为了全人类的利益，我们不能允许这种局势再持续下去了。我理解以色列人民的痛苦和愤怒。你们已经伴随着恐惧和葬礼生活了太久，你们不敢去市场，不敢使用公共交通工具，在幼儿园的教室里都要安排全副武装的警卫。我理解巴勒斯坦人民的绝望与愤怒。几个世纪以来，你们一直作为中东冲突中的牺牲品。你们的利益在似乎永远不能兑现的全面和平和约中，而你们的生活一年不如一年。

3. 新闻报道的翻译

新闻报道属于信息型文本，一般由标题、导语和正文三部分构成，这三部分各有自己的特点。下面我们分别介绍各部分翻译时应注意的问题。

（1）标题

英语新闻报道标题的突出特点是简略，往往为了节省版面空间，突出重点而省略一些词，且多使用一般现在时，翻译时要注意转换时态。

【例】

① Bush to lead delegation in talks.

译文：布什将率代表团参加会谈。

② Japan plans a healthier national diet.

译文：日本正在制定更为健康的国民饮食计划。

例①中，Bush 后面省略了将来时表达法 be to 中的 be（此例应为现在时单数形式 is）。

例②中，plans 在非新闻标题中应为现在进行时，即 is planning 形式。

（2）导语

英语新闻导语一般包括五个成分：时间、地点、事件、人物、方式。这五个成分在英语中的对应词中均有 W（when、where、what、who、how），因此常被称作五个 W。翻译时要注意译出这几个要素。

【例】

An 83-year-old great grand-mother received a bachelor's degree from South-Eastern University today, more than 50 years after she took her first college course.

译文：一位 83 岁的老奶奶 50 多年前学习了第一门大学课程，今天获得了东南大学的学士学位。

（3）正文

英语新闻报道正文最直观的特点是使用长句子、短段落。翻译时要适当断句，避免句式过于复杂。

【例】

Doctors said it was not unusual for twins to be born prematurely because of the special demands upon the mother.

The male half of the twins survived delicate heart surgery and doctors said he was out of danger and making "excellent progress".

The twins bring the number of test-tube births in Melbourne to six.

译文：医生说双胞胎婴儿早产并不罕见，因为他们对母亲有特殊的要求。

双胞胎中的男婴在复杂的心脏手术后存活下来，医生说他已经脱离危险，正在快速恢复。

这对双胞胎婴儿使墨尔本的试管婴儿数量达到六名。

4. 科技文体的翻译

科技文体属于信息型文本，其主要功能是论述科学事实、探讨科学问题、传授科学知识、记录科学实验、总结科学经验等。因此，科技文体的翻译标准有以下三个：一是准确规范，二是连贯顺畅，三是语言得体。

(1) 准确规范

科技翻译中的错误或是偏差会给科学研究以及生产等造成巨大的影响。因此，科技翻译必须根据各专业情况，精确传达原文的信息。要做到这一点，译者必须充分地把握原文所表达的内容，辨析原文词汇，分析句子结构，理解科学内容。

【例】

The difference in energy level between the substrates and products is termed the change in Gibbs free energy（AG）.

译文一：在底物和产物之间能量水平的差异称为 Gibbs 自由能（AG）的变化。

译文二：底物与产物之间的能级差叫作吉布斯自由能（AG）的变化。

译文一中译者将 energy level 译成"能量水平"显然是错误的，从化工词典和有关教科书中我们发现应译作"能级"。缺乏相关的专业知识，是造成误译的最主要原因。

(2) 连贯顺畅

译文的语言应符合译语语法结构及表达习惯，容易为读者所理解和接受。也就是说，译文语言应该结构合理、明白晓畅、句法通顺，没有语言晦涩难懂的现象。

【例】

Modern scientific and technical books, especially textbooks, require revision at short intervals if their authors wish to keep pace with new ideas, observations and discoveries.

译文一：现代科技书籍，特别是教科书要求作者不定时地修改内容，如果他们希望与新概念、观察到的事实和发现同步发展的话。

译文二：对于现代科技书籍，特别是教科书来说，要是作者希望自己书中的内容能与新概念、新观察到的事实和新发现同步发展，那么就需要每隔较短的时间，将书中的内容重新修订。

译文一照搬原文，逐字死译，不符合汉语的表达方式和习惯。而译文二中译者通过顺逆结合、主次分明地对全句进行综合处理，采用恰当的词语增译，如"新概念、新观察到的事实和新发现"，使译文更通顺。

(3) 语言得体

原语的一个词、一个词组、一个句子，甚至一个段落，在目的语里可能有几个同义而结构不尽相同的语言形式。这样，在翻译思维中，就有一个选择的层次。选择的目的是使译文的语言得体，从而获得较佳的翻译效果。每种文体都有某些遣词造句上的常规，要想使整篇得体，必须使译文的词、词组、句子以及段落得体。下面我们就用同一英文句子的四种不同的汉语译文来说明得体与否以及选择的优劣。

【例】

In practice, the selected interval thickness is usually a compromise between the need for a thin interval to maximise the resolution and a thick interval to minimise the error.

译文一：层的厚度的选择是相当困难的，因为这实际上存在着难于调和的矛盾：从提高分辨率的角度来考虑，总希望把层选得尽可能薄；但从减小误差的角度来考虑，又总希望把层选得尽可能厚，那么，究竟要选取多大的厚度才算合适呢？这就往往需要在反复权衡其利弊得失之后，才能得出一个最佳的折中方案。

译文一的译者认为，原文"词理本深，难于共喻"。因此通过"前后引衬"，加上"相当困难""难于调和的矛盾""反复权衡其利弊得失"等主观色彩较浓的文字，使译文表层结构膨胀，译文明显长于原文。这种增加信息容量，不顾原文形式的做法很容易让读者感到疑惑。

译文二：实际上，层的厚度的选择，往往需要在下列两者之间得出一个折中方案，即从提高分辨率的要求来考虑，总想把层尽量选得薄一些；但从减少误差的要求来考虑，又总想把层尽量选得厚一些。

译文二虽较译文一有所改进，但与原文的精练相比仍有差距。原文 a compromise 之后有一个很长的介词短语作修饰，为本句信息中心，但将 compromise 译成"折中方案"放在句子中部，未能达到原文的强调作用。

译文三：实际上，所选择的层的厚度通常是可最大限度提高分辨率所需的薄层和可使误差降至最小的厚层之间的平均值。

译文三虽然很短，但过于照搬原文形式，译成了一个长句子，读起来并不通畅，不符合汉语的表达习惯，也并不得体。

译文四：为保证最大分辨率必须选用薄层，为使误差最小却须选用厚层，实际上通常选择介于两者之间的最佳厚度。

译文四畅晓自然，简练通顺，表层结构安排得体，辅助信息与中心信息相得益彰，把中心信息译为"最佳厚度"置于句末，形成末尾焦点，符合汉语表达习惯，是得体的做法。

上例中的四个译文虽然都能够传达原文的含义，但是在得体方面，还是存在较大差异。我们再看一则例子，体会科技文章翻译的要点。

【例】

Nothing is flat or solid. If you look closely enough at anything you'll find holes and wrinkles in it. It's a basic physical principle, and it even applies to time. Even something as smooth as a pool ball has tiny crevices, wrinkles and voids. Now it's easy to show that this is true in the first three dimensions. But trust me, it's also true of the fourth dimension. There are tiny crevices, wrinkles and voids in time. Down at the smallest of scales, smaller even than molecules, smaller than atoms, we get to a place called the quantum foam. This is where wormholes exist. Tiny tunnels or shortcuts through space and time constantly form, disappear, and reform within this quantum world. And they actually link two separate places and two different times. (Stephen Hawking: *How to Build a Time Machine*)

译文：平整和实心的物体是不存在的。通过近距离观察，你会发现所有的物体都存在洞口和褶皱。这是一个基本的物理原理，甚至也适用于时间。即使是台球这么光滑的物体也有微小的缝隙、褶皱和洞眼。要说明这一点在三维空间比较容易，不过相信我，四维空间也同样如此。时间里同样存在着细小的缝隙、褶皱和洞眼。在最小的量度下，甚至比分子和原子更小，我们可以到达称为量子泡沫的地方，这就是虫洞所在之处。在这个量子世界里，微小的隧道或捷径通过时空不断地形成、消失和再形成。它们实际上可以连接两个隔离的空间以及两个不同的时间。（史蒂芬·霍金：《如何建造时间机器》）

5. 广告词的翻译

广告词属于感召型文本，其语篇的主要意图一般十分明确——发出指令或提供诱导性信息，以产生话后效果。所以，对此类语篇的翻译必须实现译文与原文的功能对应，为此，应对译文语篇进行全面调整，以适应目的语的语篇和文化规范。

【例】

① A diamond lasts forever. (De Bierres)

译文：钻石恒久远，一颗永流传。（戴比尔斯）

② Sense and simplicity. (Philips)

译文：精于心，简于形。（飞利浦）

③ Obey your thirst. (Sprite)

译文：服从你的渴望。（雪碧）

④ No business too small, no problem too big. (IBM)

译文：没有不做的小生意，没有无解的大问题。

⑤ Time is what you make of it. (Swatch)

译文：天长地久。（斯沃奇手表）

⑥ Focus on life. (Olympus)

译文：瞄准生活。（奥林巴斯）

⑦ Intel inside. (Intel Pentium)

译文：给电脑一颗奔腾的"芯"。（英特尔奔腾）

⑧ Connecting people. (Nokia)

译文：科技以人为本。(诺基亚)

6. 宣传文案的翻译

宣传文案属于感召型文本，其目的也十分明确，但有时这类文案往往有一定的文学加工，因此，翻译时要兼顾表情型文本的翻译标准。我们来看下面的例子。

【例】

这儿的峡谷又是另一番景象：谷中急水奔流，穿峡而过。两岸树木葱茏，鲜花繁茂，碧草萋萋，活脱脱一幅生机盎然的天然风景画。各种奇峰异岭，令人感受各异，遐想万千。

译文：It is another gorge through which a rapid stream flows. Trees, flowers and grass thrive on both banks, showing a picture of natural vitality. The weird peaks arouse disparate thoughts.

原文是一段优美的中文旅游宣传文字，所用的四字结构具有节奏、韵律美。但是，这种语言文字结构的美感在英语中则难以表达出来，因为中文有些词是重复使用的叠词，如"萋萋""脱脱"，有的是语义重复，纯属出于结构平衡之需，如"奇峰""异岭"。若按中文词句翻译，其效果则会显得文字累赘，故英译时可按英语的句式结构习惯进行处理。

7. 促销信的翻译

促销信是以书信的形式向潜在的顾客传递相关产品或服务的信息，是商务英语中常见的一种语篇。促销信的主要功能是说服性的，目的是引出读者的某种特定反应，即产生购买动机，发生购买行为，因此也属于感召型文本。典型的促销信一般包括以下七个语步。

（1）建立信任；

（2）介绍推销内容；

（3）提供动机；

（4）附寄有关文件；

（5）索求反馈；

（6）采用施压策略；

（7）礼貌收尾。

【例】

The Union Bakers would like to announce a great offer this Valentine's Day. Every two kg cake you buy you get raffle ticket which allows you to enter into a draw which will give you a chance to win a dinner for two at a three star hotel. You can have a wonderful dinner with your love done on the eve of Valentine's Day. The Union Bakers will arrange for the pickup and drop to the venue and you can enjoy the dinner along with the dance party at the three star hotels. Don't you think it will be fun to take your girlfriend or boyfriend out for dinner on the Valentine's Day and make the day a special one? Imagine all that fun you have with your loved one with tasty cuisine and exciting and thrilling dance party. To top it all you can meet famous singer and dancer who is the guest of honor that day. Visit any of our outlets to get more information. Hurry and buy a wonderful tasty cake for your loved one.

Since the offer is valid till 13 February, please act now.

译文：联合蛋糕店现隆重推出情人节促销活动。每购买两公斤蛋糕，你就能得到一张抽奖彩票，有机会赢得三星级酒店的双人晚宴，在情人节的前夕，和心爱的人一起度过梦幻般美好的浪漫之夜。

同时，你还可以参加酒店举办的舞会，和你的挚爱相拥而舞。我们将特别提供酒店的来回接送，让你享受全程无忧的贴心服务。

诱人的美食，激情的共舞，还有比这更为特别的情人节吗？但这还不是全部，还有更大的惊喜在等着你：当晚的嘉宾主持都是当红的歌星和舞星，在那里，你将和这些明星零距离互动。

更多详情可以到我们的各个连锁店获取。还犹豫什么呢，为了你的挚爱，快来买蛋糕吧！

活动截止日是2月13日，所以，赶快行动吧！

这封来自蛋糕店的促销信包括五个自然段，基本符合促销信的语步结构，其中第二语步（介绍推销内容）和第三语步（提供动机）占了很大的篇幅，重点是通过具体的促销细节，刺激读者的购买欲，诱导其购买行为。为了配合这一目的，除了遵循原文的语步结构，我们在译文的语言修辞方面进行了相应的处理，在语序上做了一些调整，在细节描述上增加了一些形容词和副词。另外，为了突出促销活动中与明星见面的卖点，还加了一个句子作为铺垫："但这还不是全部，还有更大的惊喜在等着你。"

参考文献

[1] 周榕,秦波,郭沫. 英语翻译与语言学[M]. 芜湖:安徽师范大学出版社,2019.

[2] 牟杨. 新编简明英语语言学教程学习指南[M]. 2版. 西安:西北工业大学出版社,2020.

[3] 唐妹. 英语实用文体语言及翻译研究[M]. 北京:水利水电出版社,2018.

[4] 曹慧书,李兴,王飒. 英语语言学理论与发展探究[M]. 北京:中国纺织出版社,2018.

[5] 郝彦桦,李媛. 当代英语翻译与文学语言研究[M]. 成都:电子科技大学出版社,2017.

[6] 张杲. 语言学与翻译[M]. 长春:吉林人民出版社,2017.

[7] 安玉青,李丽辉,徐梅玲. 语言学与英语翻译研究[M]. 北京:光明日报出版社,2016.

[8] 黄建滨. 英语教学理论系列:英语语言与翻译研究[M]. 杭州:浙江大学出版社,2016.

[9] 陈秋劲,[澳]Richard B. Baldauf, Jr. 英汉互译理论与实践[M]. 武汉:武汉大学出版社,2012.

[10] 耿智,萧立明. 语言与翻译经纬[M]. 北京:国防工业出版社,2013.

[11] 王振亚. 实用英语语言文化[M]. 保定:河北大学出版社,2004.